_____ 님의 소중한 미래를 위해
이 책을 드립니다.

읽으면
**돈이 되는
반도체주
투자지도**

세상에서 가장 친절한 반도체 투자공부

읽으면 돈이 되는 반도체주 투자지도

곽유정 지음

메이트북스

메이트북스 우리는 책이 독자를 위한 것임을 잊지 않는다.
우리는 독자의 꿈을 사랑하고,
그 꿈이 실현될 수 있는 도구를 세상에 내놓는다.

읽으면 돈이 되는 반도체주 투자지도

초판 1쇄 발행 2025년 12월 15일 | **지은이** 곽유정
펴낸곳 (주)원앤원콘텐츠그룹 | **펴낸이** 강현규·정영훈
등록번호 제301-2006-001호 | **등록일자** 2013년 5월 24일
주소 04607 서울시 중구 다산로 139 랜더스빌딩 5층 | **전화** (02)2234-7117
팩스 (02)2234-1086 | **홈페이지** matebooks.co.kr | **이메일** khg0109@hanmail.net
값 18,000원 | **ISBN** 979-11-6002-979-6 03320

잘못 만들어진 책은 구입하신 서점에서 교환해 드립니다.
이 책을 무단 복사·복제·전재하는 것은 저작권법에 저촉됩니다.

"사람들은 앞으로 인공지능을
더 많이, 끊임없이 사용할 것입니다.
컴퓨팅의 미래는 가속화에 달려 있습니다.
저는 이 근본적인 흐름을 완전히 믿습니다."

- 엔비디아 CEO 젠슨 황 -

지은이의 말

반도체 투자의 방향을 잡아주는
나침반 같은 책!

지난 1~2년간 한국 주식시장에서 조선, 방산만큼이나 관심이 뜨거웠던 키워드는 반도체였습니다. 시장이 흔들릴 때도, 글로벌 변수들이 요동칠 때도, 결국 시장을 상승으로 이끄는 주체는 반도체로 귀결됩니다. 반도체주는 사이클상 패턴이 있는 업종이기 때문에 주식투자를 하는 투자자라면 반도체 사이클에 대해서 기본적으로 숙지해두는 것이 좋습니다.

저는 그간 TV 경제방송과 유튜브 등 다양한 미디어에 출연하면서 반도체주에 대한 전략을 이야기해야 하는 자리에서 일관된 투자 전략을 제시해왔습니다. 2025년 연초부터 상반기까지는 SK하이닉스와 삼성전자를 병행하는 투트랙 전략을, 그리고 하반기부터는 삼성전자 중심의 전략을 꾸준히 강조했습니다.

하지만 방송은 시간이 제한되어 있기 때문에 반도체 산업의 큰 흐름을 설명하고, 투자 포인트를 세세하게 나누기에는 시간이 턱없이 짧게만 느껴졌습니다. 분명 시청자들이 조금만 더 깊이 이해하면 훨씬 수익률이 달라질 수 있는 그 내용들을 매번 방송 시간에 쫓겨 제대로 설명하지 못하고 넘어가야 했던 순간들이 저에게는 아쉬움으로 남았습니다.

그래서 저는 반도체를 처음 접하는 사람도 전체 지형을 이해하고, 투자자로서 꼭 챙겨야 할 키워드를 한눈에 파악할 수 있는 안내서를 만들고자 했습니다. 기존의 반도체 관련 서적들은 기술 설명에 치우치거나 난이도가 높아, 실제 투자에 바로 적용하기 어려운 경우가 많습니다. 반대로 지나치게 단편적인 내용만 담겨 있는 경우, 핵심을 놓칠 수도 있습니다. 저는 그 중간 지대에서 기술·산업·시장·투자라는 네 가지 요소를 균형 있게 담아낸 책을 만들고 싶었습니다.

이 책은 반도체 산업의 전반적인 구조를 A부터 Z까지 정리한 뒤, 실제 투자자가 '어디를 보고 움직여야 하는지' 결정하는 데 도움이 되는 실전 키워드 중심으로 구성했습니다. 초보 투자자여도 복잡한 반도체 개념을 무리 없이 이해할 수 있도록 최대한 풀어서 썼으며, 이미 투자 경험이 있는 투자자라도 투자 근거를 더 세밀하게 세울 수 있도록 구성했습니다.

물론 이 책이 모든 답을 제시해주는 것은 아닙니다. 반도체 산업은 기술 변화 속도가 빠르고, 수요의 변동성이 크며, 글로벌 정치·경제 환경과도 긴밀하게 맞물려 있습니다. 그렇기에 어떠한 책도 딱

떨어진 답을 줄 수는 없습니다. 다만 늘 반복되어온 사이클을 정확히 이해한 사람만이 변화에 유연하게 대응할 수 있다는 점만큼은 분명합니다.

앞으로 반도체 사이클이 다시 올 때든, 혹은 조정 국면에 들어설 때든, 언제든 여러분이 이 책을 꺼내보며 자신만의 투자 판단을 만들어가는 데 활용해보시길 바랍니다. 저는 이 책이 초보자에게는 든든한 첫 발판이, 경험자에게는 방향을 잡아주는 나침반이 되기를 바랍니다.

반도체는 어렵습니다. 그러나 한번 이해하면 누구보다 강한 무기가 됩니다. 결국 투자는 아는 만큼 보이고, 보이는 만큼 비로소 움직일 수 있는 여정입니다. 이 책이 앞으로 여러분의 투자 판단에 있어 든든한 참고서가 되길 바랍니다.

곽유정

차 례

지은이의 말 _ 반도체 투자의 방향을 잡아주는 나침반 같은 책!　　　　　6

CHAPTER 1
반도체는 무엇이며 어떻게 돌아가는가?

반도체, 산업의 쌀을 넘어 황금으로	19
삼각구도: IDM vs. 팹리스 vs. 파운드리	25
반도체 탄생 과정 엿보기: 밸류체인 따라잡기	31
반도체 8대 공정별 핵심 부문(소재/장비)	36
한국 반도체 산업의 위상과 미래 경쟁력	44

CHAPTER 2
왜 지금 반도체에 투자해야 하는가?

역사를 알아야 돈을 번다: 반도체 사이클 분석   55

AI 슈퍼사이클의 진원지: 오픈AI와 엔비디아   61

레거시 반도체의 반등과 숨겨진 기회   65

미·중 패권 전쟁과 반도체 시장   71

AI 슈퍼사이클의 시작과 앞으로의 전망   78

CHAPTER 3
빅2(삼성전자와 SK하이닉스) 투자 지도

대한민국 반도체 빅2, 바로 알기   89

삼성전자: 파운드리와 메모리의 이중 전략   93

SK하이닉스: HBM을 등에 업은 메모리 강자   98

빅2의 실적 및 재무 분석   104

빅2 투자 시 이것만은 놓치지 마라   110

CHAPTER 4

HBM과 차세대 메모리 기술, 알고 보면 쉽다

HBM은 무엇이며, AI 혁명기에 왜 필수인가?	121
HBM4 경쟁 구도, SK하이닉스·삼성전자·마이크론	127
HBM 밸류체인 속 숨겨진 투자 종목	136
CXL·PIM: 메모리 구조의 변화	147
GDDR7·SOCAMM: AI 확산 국면의 메모리	153

CHAPTER 5

AI 반도체 투자 핵심, 이것만은 꼭 알아두자

데이터센터의 진화와 AI 반도체 수요	165
GPU 절대 강자 엔비디아, 그리고 대항마들	170
구글 TPU가 바꾼 판도, TPU vs. GPU	175
AI 게임체인저 '유리기판'의 주도권 경쟁	181
떠오르고 있는 국내 AI 반도체 팹리스 기업	190

CHAPTER 6
반도체 국내 소부장 밸류체인 투자 지도

소부장은 단순 부속품이 아닌 미래 성장 엔진	201
소재: 성능을 결정하는 숨은 기술력	206
부품: 공정을 잇는 연결고리	211
장비: 반도체 산업의 실질적 수혜주	215
소부장 투자 시 꼭 확인해야 할 체크리스트	220

CHAPTER 7
5060 반도체 투자자를 위한 실전 전략

뉴스와 실적으로 반도체 시장을 읽는 법	233
투자성향별 포트폴리오 설계, 이렇게 하면 된다	240
집중투자 전략 vs. 분산투자 전략	246
반도체 투자자를 위한 추세추종 매매기법	251
국내 반도체 ETF, 이렇게 활용하면 된다	256

Semiconductor Investment strategy map

CHAPTER 1

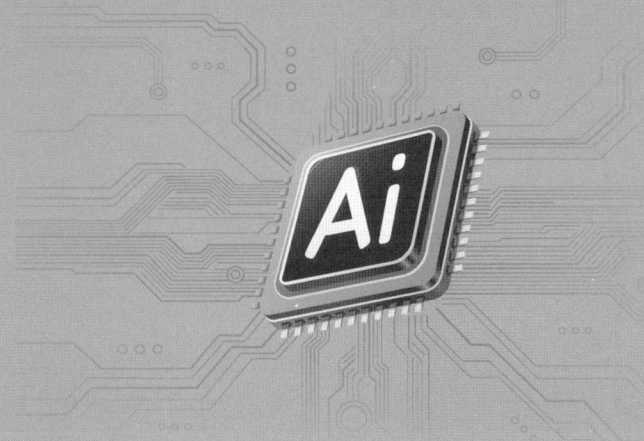

반도체는 무엇이며
어떻게 돌아가는가?

'산업의 심장'인 반도체를 읽는 법

―――――

현대 경제의 심장은 더 이상 석유가 아니라 반도체입니다. 전기차부터 스마트폰, 인공지능 서버에 이르기까지 반도체는 모든 산업의 동력으로 작동합니다. 눈에 보이지 않는 이 작은 칩은 국가의 기술력과 공급망 안정성, 나아가 지정학적 균형까지 결정짓는 핵심 자산이 되었습니다. 이제 반도체를 단순한 제조품이 아닌 인류의 정보 순환을 가능하게 하는 '두뇌'로 이해해야 할 때입니다.

산업의 본질을 이해하는 투자자는 일시적 가격 변동에 흔들리지 않습니다. 밸류체인을 따라 산업 구조를 파악하고, 각 부문이 만들어내는 가치의 연결고리를 볼 줄 알아야 합니다. 반도체는 그 복잡한 구조 속에서도 명확한 논리를 가지고 움직입니다. 그리고 그 논리를 이해하는 것이 곧 투자 성공의 출발점입니다.

1장에서는 반도체 산업의 기본 개념과 구조를 체계적으로 살펴봅니다. IDM·팹리스·파운드리의 삼각구도를 시작으로, 반도체가 생산되는 주요 공정과 밸류체인의 흐름을 심층 분석합니다. 또한 한국 반도체 산업의 위상과 향후 경쟁력 요인을 정리해, 산업 전체의 큰 그림을 그릴 수 있도록 구성했습니다. 이를 통해 독자는 산업의 기술 구조뿐 아니라 글로벌 경쟁 구도의 전략적 흐름까지 함께 조망할 수 있을 것입니다.

이 장을 통해 독자 여러분은 반도체의 작동 원리뿐 아니라, 산업과 투자 사이의 논리적 연결을 분명히 이해할 수 있을 것입니다. 특히 치열한 글로벌 경쟁 구도 속에서 한국이 어떤 위치에 있으며, 어떤 전략으로 미래 시장을 대비해야 하는지도 알 수 있을 것입니다. 이를 통해 반도체 산업을 단순한 기술 산업이 아닌 거대한 경제 시스템으로 인식하게 될 것입니다. 결국 반도체를 아는 것은 곧 미래 경제의 언어를 이해하는 일이며, 그 언어를 해독하는 순간 투자와 산업의 흐름이 동시에 보이게 됩니다.

반도체,
산업의 쌀을 넘어 황금으로

반도체는 산업의 기반을 넘어 국가 안보와 기술 패권을 결정하는 핵심 자산입니다. AI와 데이터센터 중심으로 수요 구조가 재편되면서, 한국은 글로벌 반도체 슈퍼사이클의 중심에 서 있습니다.

요즘 우리나라 주식시장에서 가장 많이 들리는 단어 중 하나가 바로 '반도체'입니다. 뉴스를 틀어도, 커뮤니티를 봐도, 반도체 이야기가 빠지지 않죠.

과거에 반도체는 '산업의 쌀'이라 불릴 만큼 산업 전반의 기반을 이루는 필수 요소였습니다. 하지만 지금은 상황이 완전히 달라졌습니다. 반도체는 이제 국가 안보와 경제 패권, 그리고 미래 기술력을 결정짓는 '산업의 황금(디지털 황금)'으로 부상했습니다. 전 세계가 이 작은 칩 하나에 이토록 민감하게 반응하고 막대한 자본과 인력을 쏟는 이유는 분명합니다. 반도체는 더 이상 특정 산업의 부품이 아니라, 21세기 산업의 신경망이기 때문입니다.

○─ 반도체란 무엇인가?

　반도체의 개념에 대해 어렵게 생각할 필요가 없습니다. 쉽게 말해 모든 전자기기의 두뇌이자 심장입니다. 스마트폰, 자동차, TV는 물론이고 공장 자동화 설비, 병원 의료기기, 군사 장비와 로켓까지 반도체가 들어가지 않는 곳이 없습니다.

　반도체는 전기가 통할 수도, 통하지 않을 수도 있는 '특별한 물질'입니다. 금속처럼 전기가 잘 통하는 '도체', 고무나 유리처럼 전기가 통하지 않는 '부도체', 이 둘의 중간 성질을 갖고 있죠. 처음엔 전기가 잘 흐르지 않지만, 도핑(Doping)이라는 과정을 통해 불순물을 아주 소량 주입하면 전기가 흐르게 만들 수 있습니다. 이렇게 전류를 스위치처럼 켜고 끄는 기능이 반도체의 본질입니다.

　이 스위치 역할을 하는 가장 기본적인 소자가 트랜지스터*(Transistor)입니다. 하나의 칩 안에는 수십억 개의 트랜지스터가 집적

[자료 1-1] 도체, 부도체, 반도체의 차이

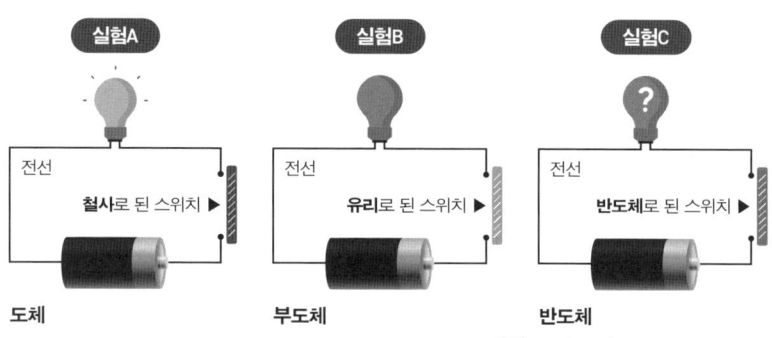

출처: semiconductor.samsung.com

| 半 + 導體 또는 SEMI + CONDUCTOR |
| 반　도체　　　절반　　도체 |

되어 있으며, 이들이 켜짐(1)과 꺼짐(0)을 초고속으로 반복하면서 데이터를 계산하고 저장합니다. 우리가 보는 영상, 듣는 음악, 자율주행, AI 연산까지 모두 이 과정에서 이루어집니다.

> **트랜지스터(Transistor)**
> 전류를 증폭하거나 차단하는 기능을 가진 전자 소자임. 반도체 회로를 구성하는 최소 단위로, 모든 연산 장치의 기본 구조를 이룸. 반도체의 성능과 집적도를 결정하는 핵심 요소임

　기술이 발전할수록 트랜지스터는 점점 더 작아지고, 더 빠르고, 더 많이 집적됩니다. 그래서 반도체 기술은 나노미터(nm) 단위의 초정밀 공정을 다루는, 가장 앞선 기술의 결정체로 꼽히는 것입니다.

메모리 반도체 vs. 비메모리 반도체

　반도체 산업은 크게 메모리 반도체와 비메모리 반도체로 나뉩니다. 두 영역은 역할과 수익 구조가 달라 투자 전략에서도 접근 방식이 다를 수밖에 없습니다. 반도체 산업을 이해하는 핵심은 이 두 축이 어떻게 균형을 이루며 성장하는지를 읽는 데 있습니다. 투자는 메모리와 비메모리의 다른 리듬을 정확히 파악하고 각 사이클이 교차하는 지점을 포착하는 데서 시작됩니다.

[자료 1-2] 메모리 반도체와 비메모리 반도체의 구분

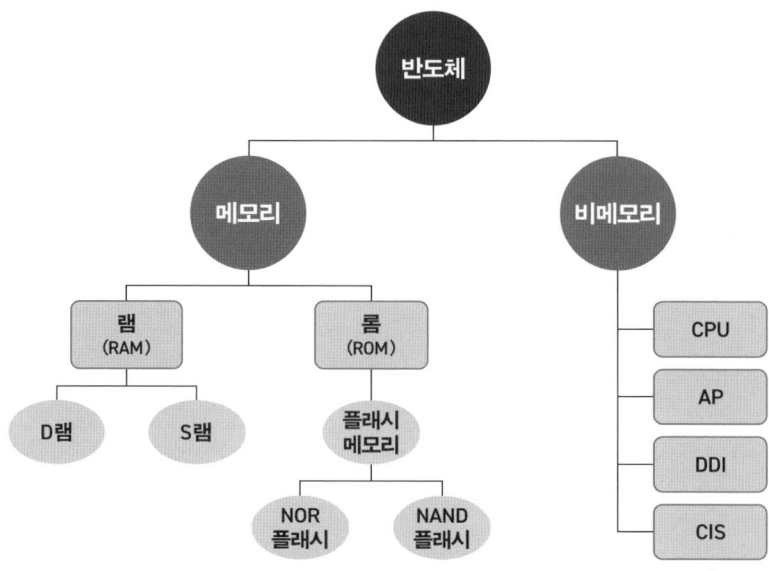

출처: semiconductor.samsung.com

먼저, 메모리 반도체는 데이터를 저장하는 기능을 담당합니다. 대표 제품은 DRAM과 NAND 플래시로, 스마트폰·서버·PC 등 거의 모든 전자기기에 사용되고 있습니다. 대규모 설비투자를 통해 대량 생산이 가능하지만, 공급 과잉에 민감해 가격 변동이 크고 경기 사이클에 따라 실적이 크게 흔들리는 구조를 가지고 있죠. 현재 글로벌 메모리 반도체 시장은 삼성전자와 SK하이닉스, 마이크론 테크놀로지가 주도하고 있습니다.

반면 비메모리 반도체는 데이터를 처리하고 제어하는 역할을 합니다. CPU, GPU, 전력 반도체, 센서 등이 포함되며, 기술력과 설계

경쟁력이 핵심입니다. 메모리 반도체보다 부가가치가 높고 수익 구조가 비교적 안정적이기 때문에 가격 변동성도 상대적으로 낮은 편입니다. 글로벌 비메모리 반도체 시장의 대표 기업으로는 엔비디아, 퀄컴, 인텔 등이 있습니다.

왜 지금 반도체인가?

그렇다면 왜 하필 지금 전 세계가 반도체에 집중하고 있을까요? 가장 큰 이유는 바로 AI(인공지능) 때문입니다. AI는 단순한 유행이 아니라 산업 구조 자체를 뒤흔드는 거대한 변화입니다. AI 모델이 학습하고 데이터를 처리하려면 막대한 연산 능력이 필요합니다. 이 연산의 핵심이 바로 고성능 반도체입니다.

과거 반도체 수요의 중심은 PC와 스마트폰이었습니다. 하지만 지금은 데이터센터, AI 전용 칩, GPU, HBM* 등 고성능 연산 칩으로 중심이 이동했습니다. 글로벌 기업들은 앞다투어 AI 인프라에 투자하고 있으며, 2025년부터 반도체 슈퍼사이클이 본격화될 것이라는 전망이 나오기 시작했죠.

> **HBM(High Bandwidth Memory)**
> 고속으로 대용량 데이터를 주고받기 위해 개발된 차세대 메모리 기술임. 기존 메모리보다 속도와 효율이 높아 AI 서버와 슈퍼컴퓨터에 필수적으로 사용되는데, 한국 기업이 세계 시장을 선도하고 있음

여기에 지정학적 요인도 중요합니다. 미국은 중국에 대한 반도체 수출을 제한하고, 자국 내 생산에 막대한 보조금을 지원하고 있습니다. 이는 단순한 경제 정책이 아니라 국가 안보 전략입니다. 반도체

는 돈이 되는 산업 자산을 넘어 이제 힘과 패권의 상징으로 자리 잡았습니다.

○── 이번 반도체 사이클이 다른 이유

반도체는 더 이상 단순한 하드웨어 부품이 아닙니다. AI가 숨 쉬고, 자율주행차가 움직이며, 클라우드가 작동하는 디지털 인프라의 근간입니다. 과거 '산업의 쌀'이 모든 산업에 고르게 필요한 기초 자원이었다면, '디지털 황금'은 미래를 선도하고 시장을 지배할 수 있는 권력의 원천이 되었습니다.

특히 한국은 삼성전자와 SK하이닉스라는 글로벌 메모리 강자를 보유하고 있으며, 소재·부품·장비(소부장) 분야에서도 두터운 생태계를 갖추고 있습니다. 이 거대한 변화의 중심에 한국이 서 있다는 뜻입니다.

우리가 지금 반도체에 주목해야 하는 건 단순한 '유행 따라잡기'가 아닙니다. 다가올 10년의 기술 패권과 자본의 흐름이 반도체를 중심으로 움직이기 때문입니다. 시장은 앞으로도 수많은 뉴스와 이슈로 요동치겠지만 그 방향은 분명합니다. 반도체는 앞으로 더 깊고 넓게 모든 산업에 스며들 것이며, 이 흐름을 먼저 읽은 자가 다음 황금기를 잡게 될 것입니다.

삼각구도:
IDM vs. 팹리스 vs. 파운드리

현대 반도체 산업은 IDM, 팹리스, 파운드리라는 삼각구도로 구성되어 있으며, 각 축이 서로 맞물려 거대한 글로벌 시장을 움직입니다. 한국은 IDM과 파운드리를 모두 보유한 유일한 국가입니다.

오늘날 반도체 산업을 가장 쉽게 이해하는 방법은 '삼각구도'로 보는 것입니다. 겉으로 보면 반도체는 하나의 칩일 뿐이지만, 그 뒤에는 설계에 집중하는 팹리스, 생산을 담당하는 파운드리, 그리고 설계와 생산을 모두 수행하는 IDM이라는 세 갈래의 길이 존재합니다. 이 세 축이 맞물려 돌아가며 세계 반도체 시장을 움직이고, 수천조 원 규모의 자본 흐름을 만들어내고 있습니다.

이 삼각구도는 단순한 역할 분담이 아니라, 기술과 자본, 그리고 공급망 전략이 복합적으로 얽혀 있는 현대 반도체 산업 생태계의 핵심 구조라 할 수 있습니다. 즉 팹리스는 혁신과 설계 경쟁을 통해 시장의 방향을 제시하고, 파운드리는 첨단 공정력으로 기술적 한계를 돌파하며, IDM은 거대한 설비 투자와 통합 운영 능력으로 산업의 안정성을 지탱합니다.

특히 최근에는 AI와 고성능 컴퓨팅, 자율주행, 전장 반도체 등 신성장 영역이 부상하면서 세 축 간의 협업과 경쟁이 더욱 복잡하게 얽히고 있습니다. 다시 말해 반도체 산업의 미래는 '누가 더 좋은 칩을 만드느냐'가 아니라 '누가 이 삼각구도를 가장 효율적으로 연결하고 주도하느냐'에 달려 있습니다.

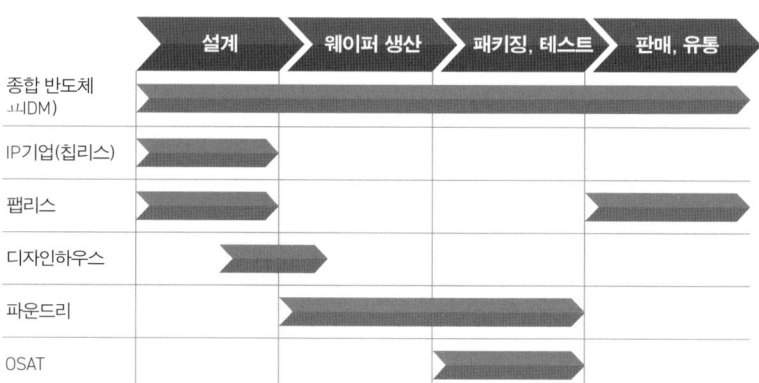

[자료 1-3] 반도체 생태계

① IDM: 반도체 생태계의 중심축

IDM(Integrated Device Manufacturer)은 설계부터 생산, 패키징까지 모든 공정을 자체적으로 수행하는 기업을 말합니다. 말 그대로 반도체를 '처음부터 끝까지' 만드는 종합 반도체 회사입니다.

대표적인 IDM 기업으로는 삼성전자, 인텔, 마이크론 테크놀로지가 있습니다. 이들은 막대한 자본력과 기술력을 바탕으로 설비를 갖추고, 제품을 직접 만들어 전 세계 고객사에 공급합니다.

IDM의 강점은 '공급망을 스스로 통제할 수 있다'는 점입니다. '설계-생산-패키징'을 모두 자체적으로 수행하므로 외부 파운드리에 의존하지 않아도 됩니다. 하지만 그만큼 공장 건설과 장비 투자에 드는 비용 부담이 막대하다는 단점도 존재합니다. 삼성전자가 메모리와 파운드리 양쪽에 걸쳐 시장 점유율을 확대하려는 전략은 바로 이 IDM 모델의 대표적인 예라 할 수 있습니다.

② 팹리스: 혁신을 설계하는 자들

팹리스(Fabless)는 공장이 없는 반도체 기업을 뜻합니다. 설계만 전문으로 하고 생산은 파운드리에 맡기는 구조입니다. 대표적인 기업으로 엔비디아, AMD, 퀄컴, 애플(칩 설계 부문)이 있습니다.

이 생태계 안에는 팹리스 외에도 설계에 특화된 두 가지 주체가 존재합니다. 먼저 IP 기업(Chipless)은 완성형 칩이 아니라 칩 설계의 기본이 되는 설계 자산(IP)을 제공하는 기업으로, Arm이 대표적입니다. 팹리스들은 이들의 설계를 기반으로 제품을 개발하죠.

또한 팹리스와 파운드리 사이에는 디자인하우스(Design House)가 있습니다. 이들은 팹리스가 만든 회로를 파운드리에서 생산할 수 있도록 물리적 설계와 최적화를 지원하는 중간 다리 역할을 합니다.

팹리스의 가장 큰 강점은 '민첩함'입니다. 공장을 직접 운영하지 않기 때문에 설계에 집중할 수 있고, 기술 트렌드에 빠르게 대응할 수 있습니다. 실제로 AI 시대의 최대 수혜 기업 중 하나가 엔비디아인 이유도 바로 여기에 있습니다. 첨단 GPU를 설계해 TSMC에 위탁 생산을 맡기는 구조죠. 다만 생산시설이 없다는 한계 때문에, 파운드리 생산이 차질이 생기거나 정치적 리스크(예: 미·중 무역갈등, 수출 규제 강화) 등 외부 변수에 흔들릴 수 있습니다.

③ 파운드리: 칩을 현실로 만드는 공장

파운드리(Foundry)는 반도체를 위탁 생산만 전문적으로 담당하는 기업을 말합니다. 자체 설계는 하지 않고, 고객사(주로 팹리스)가 설계한 회로를 기반으로 칩을 대신 생산하는 역할이죠. 이 분야의 절대강자는 단연 TSMC입니다. 전 세계 첨단 반도체의 60% 이상이 TSMC의 공장에서 생산되고 있으며, 삼성전자 역시 파운드리 사업부를 통해 TSMC를 추격하고 있습니다.

파운드리의 경쟁력은 생산 공정력과 안정성에서 갈립니다. 미세 공정을 얼마나 정밀하고 안정적으로 구현할 수 있는지가 곧 시장 지배력으로 이어지기 때문입니다. 특히 AI와 고성능 컴퓨팅 수요가 폭발적으로 증가하면서 파운드리는 사실상 글로벌 반도체 공급망의 병목지점으로 자리 잡았습니다. 전 세계 팹리스 기업들이 파운드리의 생산 능력에 의존하고 있기 때문입니다.

이와 함께 파운드리 생산 이후의 후공정(패키징 및 테스트) 단계도 점점 중요성이 커지고 있습니다. 과거에는 단순히 부가적인 공정으로 취급되었지만, 오늘날에는 칩 성능을 좌우하는 전략적 영역으로 부상했기 때문입니다. 이 영역을 담당하는 기업들이 바로 OSAT(Outsourced Semiconductor Assembly and Test) 업체입니다.

OSAT 기업은 파운드리에서 생산된 웨이퍼를 절단, 패키징하고 테스트해 최종 제품 형태로 완성합니다. 특히 AI 반도체와 HBM(고대역폭 메모리) 수요가 급증하면서 첨단 패키징 기술이 성능 경쟁의 핵심으로 부상하고 있습니다. 이제 파운드리는 단순한 생산 공장에 머무르지 않고, 후공정(OSAT)과 긴밀히 연결된 전략 산업의 중심으로 자리 잡고 있습니다.

○── 삼각구도 속 힘의 균형

한국은 이 삼각구도에서 독특한 위치에 서 있습니다. 메모리 반도체에서는 삼성전자와 SK하이닉스가 세계 1, 2위를 다투는 IDM 강자이며, 동시에 파운드리 부문에서는 삼성전자가 TSMC의 유일한 대항마로 꼽힙니다. 즉 한국은 삼각구도 중 IDM과 파운드리라는 두 축을 이미 확보하고 있으며, AI 반도체 시대에 팹리스 생태계를 전략적으로 키울 수 있는 여지가 큰 나라입니다.

최근 정부와 민간이 함께 추진하는 'K-반도체 벨트 전략'도 이러한 구조적 강점을 기반으로 하고 있습니다. 국내 팹리스 육성, 첨단 패키징 클러스터 구축, 소재·장비 국산화 등이 유기적으로 맞물리며

'설계 – 생산 – 패키징'의 완전한 산업 사슬을 갖추려는 시도가 본격화되고 있습니다.

다가올 AI 반도체 시대의 승부는 삼각구도의 어떤 축을 강화하느냐에 달려 있습니다. 이제 반도체 투자를 진지하게 고민한다면, 개별 종목을 고르기 전에 산업의 구조부터 읽어야 할 때입니다.

반도체 탄생 과정 엿보기:
밸류체인 따라잡기

──────────

반도체 산업은 '설계, 전공정, 후공정, 유통'의 네 단계로 구성된 복합적 밸류체인입니다. 각 단계의 역할과 기업 구조를 이해해야만 반도체 산업 전체의 흐름과 투자 포인트를 읽을 수 있습니다.

반도체 산업은 눈에 보이지 않는 곳에서 전 세계 기술 문명의 기반을 움직이는 핵심 인프라라 할 수 있습니다. 스마트폰, 자동차, 서버, 인공지능 등 우리가 사용하는 거의 모든 기술의 출발점에는 반도체가 존재합니다. 하지만 그만큼 산업 구조는 복잡하고, 각 단계마다 필요한 기술과 자본, 기업의 역할이 전혀 다릅니다. 따라서 반도체 산업을 제대로 이해하기 위해서는 개별 기업보다 먼저, 칩이 설계에서 완성품으로 이어지는 전 과정의 흐름, 즉 밸류체인을 전체적으로 조망하는 것이 중요합니다.

반도체 밸류체인은 크게 설계(Design), 생산(Manufacturing), 후공정(Packaging & Test), 판매 및 유통(Sales & Distribution)의 네 가지 핵심 단계로 나뉩니다. 반도체 밸류체인의 각 단계는 고도의 전문성을 요구하며, 이 역할을 수행하는 기업들은 사업 모델에 따라 명확히 구분됩니다.

① 첫 번째 관문: 설계

반도체 탄생의 첫걸음은 설계(Design)입니다. 어떤 기능을 수행할지, 성능과 전력 효율은 어떠해야 하는지 등 칩의 청사진을 그리는 단계입니다. 이 과정을 전담하는 기업을 팹리스(Fabless)라고 합니다. 팹리스는 'Fab(Fabrication Facility, 제조 설비)이 없다'는 뜻으로, 이들은 막대한 초기 투자 비용이 필요한 생산 설비(팹)를 갖추지 않고 오직 혁신적인 아이디어와 회로 설계 역량에 집중합니다.

설계 단계에서 중요한 건 혁신 속도와 효율성입니다. 설계만 잘해도 공장을 갖추지 않고도 세계 반도체 시장을 주도할 수 있다는 걸 보여주는 대표 사례가 바로 엔비디아입니다. 엔비디아는 첨단 GPU를 설계하고 생산은 TSMC에 위탁함으로써 반도체 시장에서 시가총액 1위 자리에 올라섰습니다.

② 두 번째 관문: 전공정

설계가 끝나면 반도체는 본격적으로 공장에서 실체화됩니다. 이 과정이 바로 전공정(Front-end)입니다. 전공정은 웨이퍼 위에 회로를 새겨 넣는 공정으로, '반도체 제조의 꽃'이라고 불립니다. 이 단계에서 필요한 것은 미세 공정 기술과 초정밀 장비가 필수입니다.

전공정은 다시 다음과 같은 공정으로 세분화됩니다.

- 웨이퍼 준비(실리콘 웨이퍼 제조)
- 산화·포토·식각·증착·이온주입·금속배선 등 패턴 형성
- 회로 형성 및 집적

이 과정에서 중요한 건 '얼마나 미세하게, 그리고 결함 없이 회로를 새길 수 있는가'입니다.

전공정은 반도체 산업에서 가장 많은 설비투자가 필요합니다. 공장을 짓는 데 수십조 원이 들어가고, 단일 장비 가격이 수천억 원에 달하기도 합니다. 이 때문에 이 분야는 미국의 어플라이드 머티어리얼즈, 네덜란드의 ASML 등 소수의 글로벌 기업들이 과점하고 있습니다.

③ 세 번째 관문: 후공정

웨이퍼 위에 칩이 만들어졌다고 해서 바로 제품으로 쓸 수 있는 건 아닙니다. 이후에는 후공정(Back-end)이 필요합니다. 후공정은 반도체 칩을 자르고 묶고 테스트하는 단계로, 완제품으로서의 신뢰성과 내구성을 확보하는 과정입니다.

대표적인 후공정 공정은 다음과 같습니다.

- 패키징(Packaging): 칩을 보호하고, 외부와 전기적으로 연결하는 과정
- 테스트(Testing): 불량을 걸러내고 성능을 검증하는 과정

최근에는 패키징 기술은 단순 조립이 아니라 첨단 반도체의 성능을 좌우하는 핵심 경쟁력으로 떠올랐습니다. HBM(고대역폭 메모리)이나 AI 반도체는 고집적 3D 패키징 기술이 필수적입니다. 과거에는 전공정이 반도체 산업의 중심이었지만, 이제는 후공정이 새로운 핵심 경쟁력으로 부상하고 있습니다.

④ 마지막 단계: 판매 및 유통

완성된 반도체는 스마트폰, 자동차, 서버, 로봇 등 다양한 최종 제품에 공급됩니다. 이 과정에는 팹리스와 완성품 제조사(OEM), 유통망, IT 기업들이 복잡하게 얽혀 있습니다. 다시 말해, 반도체는 단순히 공장에서 찍어내는 부품이 아니라 글로벌 공급망을 통해 전략적으로 배분되는 핵심 자산입니다.

특히 시스템 반도체의 경우, 생산된 칩의 대부분이 글로벌 IT 기업의 제품에 내장됩니다. 예를 들어 TSMC가 생산하는 고성능 칩은 애플, 엔비디아, 퀄컴 등에 납품되고, 다시 이 칩들은 전 세계 수억 대의 스마트폰·AI 서버·자율주행차의 '두뇌' 역할을 하게 됩니다.

○── 복잡한 산업이 구조로 보인다

반도체 산업은 더 이상 한 기업이나 한 국가가 독점할 수 있는 영역이 아닙니다. 설계 기업, 생산 기업, 장비 기업, 소재 기업, 후공정 기업, 유통 기업이 거대한 퍼즐처럼 얽혀 있습니다. 이 복잡한 퍼즐을 이해하는 첫걸음이 바로 밸류체인을 파악하는 일입니다.

글로벌 공급망이 세분화되면서 각 단계가 독립적이면서도 상호 의존적인 구조로 진화하고 있으며, 이 연결망의 어느 지점을 선점하느냐가 곧 기업의 경쟁력으로 이어집니다. 결국 밸류체인을 이해한다는 것은 반도체 산업의 기술 흐름뿐 아니라 자본의 이동과 시장 지배력의 방향을 함께 읽는 일과도 같습니다.

어떤 기업이 어느 단계에 포지셔닝되어 있는지를 이해하면, 단순히 기업 이름이 아니라 산업의 맥락을 보고 투자할 수 있습니다. AI 반도체 슈퍼사이클 역시 이 밸류체인을 중심으로 움직일 것입니다. 아이디어와 혁신은 설계에서, 생산의 속도와 규모는 파운드리에서, 그리고 제품의 품질과 성능은 패키징과 테스트에서 결정됩니다.

반도체 8대 공정별
핵심 부문(소재/장비)

반도체는 8대 공정을 거쳐 완성되는 초정밀 산업으로, 각 단계마다 특화된 소재와 장비가 핵심 역할을 합니다. 전공정은 기술력과 투자 규모로, 후공정은 전문성과 패키징 혁신으로 경쟁력이 갈립니다.

반도체는 현대 산업의 심장이라 불릴 만큼, 모든 전자기기의 동작을 가능하게 하는 핵심 부품입니다. 그러나 그 내부를 들여다보면 단순한 전자 부품이 아니라 정밀도와 과학의 결정체임을 알 수 있습니다. 원자 단위의 오차조차 허용되지 않는 초미세 공정이 반복되며, 수천억 개의 트랜지스터가 하나의 칩 안에 집적됩니다. 따라서 반도체 제조 과정은 기술력뿐 아니라 장비·소재·공정 간의 정교한 조화가 필수인 산업의 총체라 할 수 있습니다.

반도체 칩은 단순한 부품이 아니라 수백 가지 공정을 거쳐야 완성되는 초정밀 제품입니다. 이 복잡한 제조 과정은 크게 8개의 핵심 공정으로 요약할 수 있는데, 이를 흔히 '8대 공정'이라고 부릅니다. 이 8개 공정은 반도체 생산의 기초 뼈대이자, 장비·소재 기업이 핵심 역할을 하게 되는 이유이기도 합니다.

  이러한 반도체 공정 하나하나는 막대한 자본과 전문 기술을 필요로 하며, 공정 미세화 경쟁은 지금 이 순간에도 치열하게 전개되고 있습니다. 기술 한 단계의 진보는 기업의 생존과 국가의 산업 경쟁력으로 직결됩니다. 그래서 반도체 산업을 이해한다는 것은 단순히 칩 자체를 보는 것이 아니라 그 뒤에 작동하는 방대한 공급망과 기술 패권의 흐름을 읽는 일입니다. 투자자의 관점에서 보면, 이 복잡한 구조 안에 수많은 기회가 숨어 있습니다. 어떤 기업이 어떤 공정의 어느 부분을 담당하는지 파악하면, 반도체 산업 지도 위에서 돈이 흐르는 길이 선명하게 보이기 시작합니다.

[자료 1-4] 반도체 8대 공정

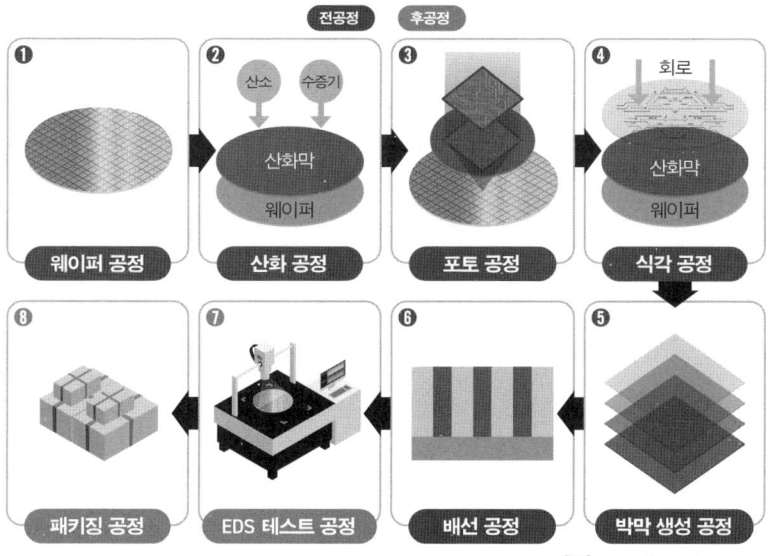

출처: news.lxsemicon.com

① 웨이퍼 공정: 반도체의 '캔버스' 만들기

모든 반도체 공정의 출발점은 바로 웨이퍼입니다. 웨이퍼는 고순도 실리콘 잉곳(ingot)을 얇게 절단해 만든 얇은 원판으로, 칩의 회로가 새겨질 '캔버스' 역할을 합니다. 웨이퍼는 표면이 미세하게 거칠어도 공정에 치명적이기 때문에 매우 매끈하고 청정하게 가공됩니다. 웨이퍼의 품질은 이후 모든 공정의 기반이 되므로, 초기 정밀도가 매우 중요합니다.

- 핵심 소재: 실리콘 잉곳, 고순도 실리콘
- 핵심 장비: 웨이퍼 절단기(Saw), 연마·세정 설비

② 산화 공정: 기판 위에 보호막 입히기

산화 공정은 실리콘 웨이퍼 표면에 산화막(SiO_2)을 입히는 과정입니다. 이 산화막은 회로 간 전기적 간섭을 막아주는 절연층이자, 후속 공정의 정밀도를 높이는 중요한 기초층 역할을 합니다. 산화막의 두께 균일성과 결함 여부는 후속 공정 수율에 직접적인 영향을 미칩니다.

- 핵심 소재: 고순도 산소, 실리콘 웨이퍼
- 핵심 장비: 산화로(Thermal Furnace), 산화장비

③ 포토 공정: 회로를 '빛'으로 그리다

포토 공정은 반도체 공정의 핵심 중의 핵심입니다. 회로 패턴이 담긴 마스크를 통해 빛을 웨이퍼 위에 쏘아, 설계된 회로를 전사(Transfer)하는 과정입니다. 포토레지스트*(감광액)가 빛에 반응해 회로 모양이 새겨지며, 이 패턴이 칩의 기본 틀이 됩니다.

> **포토레지스트(Photoresist)**
> 빛에 반응해 화학적 성질이 변하는 감광성 수지임. 포토 공정에서 회로 패턴을 웨이퍼 위에 전사할 때 사용되는 핵심 소재로, 빛의 노출 여부에 따라 회로가 새겨질 부분과 제거될 부분이 구분됨

- 핵심 소재: 포토레지스트(PR), 마스크, 고순도 가스
- 핵심 장비: 노광기(Lithography Scanner), Stepper

④ 식각 공정: 불필요한 부분 깎아내기

포토 공정으로 회로를 전사한 웨이퍼에서, 빛에 반응하지 않은 불필요한 부분을 제거하는 과정이 식각입니다. 미세한 회로 폭을 그대로 유지하면서도 정밀하게 깎아내는 것이 관건입니다. 이 과정의 정밀도가 낮으면 불량률이 급격히 높아집니다. 식각은 나노 단위의 경계를 얼마나 깔끔하게 확보하느냐를 결정하는 핵심 공정입니다.

> **플라즈마(Plasma)**
> 기체가 고온이나 전기에 의해 이온화된 제4의 물질 상태임. 식각 공정에서 불필요한 부분을 정밀하게 제거하기 위해 사용되는데, 전자와 이온이 빠르게 충돌하며 미세한 표면 가공을 가능하게 함

- 핵심 소재: 식각가스(Cl_2, CF_4, SF_6 등), 플라즈마*
- 핵심 장비: 플라즈마 식각기(Etcher)

⑤ 박막 생성 공정: '층' 쌓아 올리기

박막 생성(Deposition)은 회로 패턴 위에 얇은 절연막이나 도전막을 덮어 층(layer)을 쌓는 공정입니다. 트랜지스터와 배선이 수십~수백 층으로 구성되기 때문에 막의 두께와 균일성, 불순물 관리가 핵심입니다.

- 핵심 소재: 특수가스, 금속 타겟
- 핵심 장비: CVD, PVD, ALD 장비

⑥ 배선 공정: 회로를 연결하는 '혈관'

배선 공정은 반도체 내부의 트랜지스터와 회로들을 전기적으로 연결하는 단계입니다. 알루미늄, 구리, 텅스텐 등의 금속을 증착하고 식각해 신호가 빠르고 정확하게 전달될 수 있는 통로를 만듭니다. 이 단계는 고속 연산 칩일수록 중요도가 높아집니다.

- 핵심 소재: 알루미늄, 구리, 텅스텐
- 핵심 장비: 금속 증착 장비(PVD, CVD), CMP 평탄화 장비

⑦ 테스트 공정: 불량을 걸러내는 관문

칩이 만들어졌다고 끝이 아닙니다. 테스트 공정에서는 칩의 기능과 성능을 검사해 불량품을 걸러내고, 규격에 맞는 제품만 출하합니다. 초기 웨이퍼* 상태에서의 테스트(웨이퍼 테스트)와 완성품 테스트(패키지 테스트)가 있습니다.

테스트는 수율 확보와 원가 절감의 핵심 관문입니다. 양산성 확보를 위해 테스트 장비의 정밀도는 점점 높아지고 있습니다.

> **웨이퍼(Wafer)**
> 고순도 실리콘 잉곳을 얇게 절단해 만든 원판형 기판임. 반도체 회로가 새겨지는 기초 재료로, 칩의 성능과 수율을 좌우함. 표면 평탄도와 청정도가 낮으면 미세공정 전체가 실패할 수 있을 만큼 정밀도가 중요함

- 핵심 장비: 테스트 핸들러, 프로브 카드, ATE(자동 테스트 장비)

⑧ 패키징 공정: 칩을 '완제품'으로

마지막으로 패키징 공정에서는 완성된 칩을 절단해 배선·접합하고, 외부와 연결할 수 있는 형태로 만들어 최종 제품으로 완성합니다. 패키징 공정은 과거에는 단순 보호 역할에 그쳤지만, 현재는 HBM(고대역폭 메모리) 등 고성능 반도체의 핵심 경쟁력으로 떠올랐습니다. 칩 간 연결과 열 제어를 최적화하는 패키징 기술의 혁신이, 이제는 반도체 성능의 상한선을 결정짓는 결정적 변수가 되고 있습니다.

- 핵심 소재: 솔더볼, 기판, 몰딩 수지
- 핵심 장비: TC 본더, 와이어 본더, 몰딩 장비

전공정과 후공정의 산업 구조적 차이

전공정은 기술적으로 공정 간 경계가 모호하기 때문에 한 기업이 여러 공정에 장비를 공급하는 경우가 많습니다. 이런 기업일수록 기술력과 납품 범위, 시장 점유율이 크다는 뜻이기도 합니다. 특히 전공정은 기술 집약적이고 진입장벽이 높아 일부 글로벌 장비 기업이 시장을 사실상 과점하고 있습니다. 공정 미세화가 고도화될수록 장비 간 연계성과 정밀도가 중요해지기 때문에 소수 기업 중심의 독점 구조가 더욱 강화되는 추세입니다.

반대로 후공정(테스트·패키징)은 공정 특성이 뚜렷해 특정 기업이 해당 공정에 전문화되어 있는 경우가 많습니다. 이는 전공정과 후공정의 산업 구조적 차이를 잘 보여주는 대목입니다. 후공정은 상대적으로 노동집약적이며, 장비보다는 기술 노하우와 공정 효율이 경쟁력을 좌우합니다. 최근에는 AI 반도체와 HBM 수요 확대로 첨단 패키징 기술이 부가가치를 창출하는 핵심 영역으로 부상하면서, 전공정 중심이던 산업 구조가 점차 다극화되고 있습니다.

이러한 변화는 투자 전략에도 중요한 시사점을 남깁니다. 전공정 장비 기업은 기술 진보가 계속되는 한 안정적으로 독점적 이익을 누릴 가능성이 높습니다. 반면 후공정은 기술 난도가 높아질수록 소수의 첨단 패키징 기업에 가치가 집중될 수 있고, 전통적인 가격 경쟁 구조에서 벗어나 새로운 성장 프리미엄이 형성되고 있습니다. 결국 전공정은 '기술 장벽을 기반으로 한 기존 지배 구조의 심화', 후공정은 'AI 수요 확대로 열린 신성장 국면'이라는 서로 다른 궤도를 그리고 있습니다. 이 두 흐름이 맞물리는 지점에서 반도체 산업의 새로운 전력 지형이 재편되고 있습니다.

[자료 1-5] 국내 반도체 8대 공정의 대표기업들

공정	주요 역할	대표 국내 기업	세부 분야
웨이퍼 공정	기판(웨이퍼) 제조 및 전처리	SK실트론, 케이씨텍, 솔브레인, 피에스케이	실리콘 웨이퍼, CMP/세정
산화 공정	절연층 형성 (산화막)	주성엔지니어링, 원익IPS, 원익머트리얼즈, 솔브레인	산화로, 가스, 세정
포토 공정	회로 전사 (노광·현상)	주성엔지니어링, 동진쎄미켐, 원익머트리얼즈	포토레지스트, 공정용 가스
식각 공정	회로 패턴 형성	원익IPS, 주성엔지니어링, 유진테크	플라즈마 식각 장비
박막(증착) 공정	절연막/도전막 증착	유진테크, 주성엔지니어링, 원익IPS	CVD, PVD, ALD
배선 공정	금속 배선·CMP	케이씨텍, 유진테크, 주성엔지니어링	CMP 장비, 금속 증착
테스트 공정	웨이퍼·칩 검사	테크윙, 와이씨, 디아이	테스트 핸들러, 프로브 카드
패키징 공정	칩 절단·본딩·몰딩	한미반도체, 덕산하이메탈, 네패스	TC본더, 솔더볼, 첨단 패키징

한국 반도체 산업의 위상과 미래 경쟁력

한국은 메모리 반도체 세계 1·2위를 기반으로 파운드리와 팹리스 육성을 병행하며 종합 반도체 강국으로 도약하고 있습니다. AI 시대의 주도권은 설계-생산-패키징이 균형을 이룬 국가가 될 것입니다.

반도체는 단순한 산업이 아니라 한국 경제의 핵심 동력입니다. 수출·고용·투자 어느 하나를 떼어놓고 봐도 반도체의 영향력은 절대적입니다. 한국의 반도체 수출은 전체 수출의 약 20~30%를 꾸준히 차지하며, 경기 흐름에 따라 국가 경제의 방향을 좌우합니다.

특히 삼성전자와 SK하이닉스는 글로벌 메모리 반도체 시장에서 1·2위를 차지하며, 한국 반도체 산업을 세계 정상에 올려놓았습니다. 단일 산업에서 이 정도의 영향력을 가진 나라는 드뭅니다. 한국이 오랜 기간 반도체 강국으로 자리해온 배경에는 막대한 설비 투자, 세계 최고 수준의 공정 기술, 그리고 안정적인 산업 생태계가 있습니다.

○── 메모리 초강국으로서의 입지

한국 반도체 산업의 핵심 경쟁력은 단연 메모리 반도체입니다. 삼성전자는 1990년대부터 꾸준히 투자를 이어오며 왕좌의 자리를 지켜왔고, SK하이닉스는 후발주자임에도 기술력과 원가 경쟁력으로 2025년 삼성전자를 앞지르고 글로벌 1위 기업으로 도약했습니다.

메모리는 서버, 스마트폰, AI, 자동차, 데이터센터 등 거의 모든 디지털 산업의 기반이 되는 핵심 부품입니다. 특히 AI 시대를 맞아 HBM(고대역폭 메모리), DDR5*, LPDDR 등 고성능 메모리 수요가 폭발적으로 증가하면서 한국의 메모리 경쟁력은 단순한 산업력을 넘어 국가 전략 자산으로 자리매김하고 있습니다. 삼성전자가 적용 중인 차세대 미세 공정 기술과 SK하이닉스의 초고속 메모리 제품 양산은 단순히 칩을 많이 만드는 수준이 아니라, 세계에서 가장 앞선 기술력으로 시장을 이끌고 있다는 증거입니다.

> **DDR5**
> 다섯 번째 세대 더블 데이터 레이트 메모리 표준임. 이전 세대 DDR4 대비 대역폭이 크게 증가하고 소비전압이 낮아진 고성능 메모리임. PC·서버의 핵심 메모리로 자리 잡으며 AI·빅데이터 시대 메모리 수요를 견인하는 기술임

○── 파운드리에서의 도전과 기회

한국 반도체 산업의 또 다른 축은 파운드리입니다. 현재 파운드리 시장의 절대 강자는 TSMC이지만, 삼성전자는 유일하게 TSMC와

정면 승부를 벌일 수 있는 글로벌 2위 사업자입니다.

삼성전자는 2017년 파운드리 사업을 별도 부문으로 분리한 뒤 첨단 공정 투자를 강화해왔으며, 2022년 3나노 GAA(게이트올어라운드) 공정 기반의 칩 생산에 나서며 경쟁사인 TSMC보다 한발 앞서 기술 경쟁에 돌입했습니다. 이후 2나노 공정*의 초기 양산 단계에도 진입해 수율* 개선에 집중하고 있습니다.

> **2나노 공정**(2nm Process Node)
> 이전 세대보다 훨씬 미세한 회로 패턴을 구현하는 차세대 반도체 제조 기술로, 성능은 높이고 전력 소모를 줄이는 것이 핵심임. '2나노'는 실제 크기가 아니라 기술 수준을 가리키는 명칭임.

> **수율**(Yield)
> 전체 생산된 반도체 칩 중에서 정상적으로 작동하는 제품의 비율을 뜻함. 공정 미세화가 진행될수록 결함이 늘어 수율 관리가 핵심 과제가 되며, 수율이 높을수록 제조 효율과 기업 수익성이 함께 향상됨.

다만 TSMC와의 격차는 여전히 존재합니다. 특히 수율 안정성과 고객 생태계 측면에서 후발주자로서의 과제를 안고 있죠. 그러나 AI 반도체 수요가 폭발적으로 늘어나고 있는 지금, TSMC 단독으로는 글로벌 수요를 감당하기 어렵다는 점이 삼성전자에게는 절호의 기회가 되고 있습니다.

이를 보여주는 대표적인 사례가 바로 '테슬라와의 23조 원 규모 대형 파운드리 계약'입니다. 삼성전자는 2나노 공정으로 테슬라의 차세대 AI 칩 'AI6' 생산을 수주했고, 2027년부터 미국 텍사스 테일러 공장에서 본격 양산에 들어갈 예정입니다. 이는 TSMC에 집중되어 있던 빅테크 고객사들의 공급망이 다변화되고 있음을 보여주는 중요한 신호입니다.

또한 삼성전자는 자사 모바일용 AP 엑시노스 2600에도 2나노 공정을 적용하며 내재화와 수율 안정화 작업을 병행하고 있습니다. 2025년 말까지 수율을 70% 수준으로 끌어올리는 것을 목표로 하고 있습니다. 또한 이를 기반으로 외부 고객사 수주를 점차 확대할 계획입니다.

TSMC는 현재 AI 칩 파운드리 시장 점유율 90% 이상을 차지하고 있지만, 엔비디아·AMD·구글·브로드컴 등 글로벌 팹리스 기업들은 공급망 다변화와 가격 협상력 강화를 위해 삼성전자를 새로운 파트너로 주목하고 있습니다.

AI 인프라 수요가 폭발적으로 증가하는 상황에서, 파운드리 시장은 더 이상 TSMC의 독무대가 아닙니다. 삼성전자의 2나노 공정 진입과 테슬라 수주 성공은 글로벌 반도체 공급망 판도가 바뀌고 있음을 보여주는 매우 중요한 분기점입니다.

○── 한국 반도체 생태계의 구조적 과제

하지만 한국 반도체 산업에도 약한 고리가 존재합니다. 그것은 바로 팹리스 생태계의 취약함입니다. 미국은 엔비디아, AMD, 퀄컴 등 세계 시장을 주도하는 팹리스 강자들을 보유하고 있고, 대만 역시 파운드리와 연계된 설계 생태계가 발달해 있습니다. 반면 한국의 팹리스 산업은 중소형 기업 중심으로 구성되어 있어 글로벌 경쟁력을 확보한 대형 팹리스가 거의 없는 상황입니다.

[자료 1-6] 글로벌 반도체 공급망의 국별 포지셔닝

출처: webzine.koita.or.kr

이는 향후 AI 반도체 시대에 커다란 제약이 될 수 있습니다. 설계 생태계가 약하면 생산력과 기술력이 뛰어나더라도 부가가치 창출이 한정될 수 있기 때문입니다. 하지만 동시에 팹리스 육성은 한국 반도체 산업의 새로운 성장 기회이기도 합니다. 최근 정부와 기업이 R&D, 설계 인력 양성, 디자인하우스 활성화를 통해 팹리스 생태계를 본격적으로 키우려는 이유도 바로 여기에 있습니다.

○── 메모리 그 이후, 미래의 판이 달라진다

결국 한국 반도체 산업의 미래 경쟁력은 IDM(메모리)과 파운드리(생산력)에 더해 팹리스(설계) 생태계를 얼마나 강화하느냐에 달려 있습니다. AI 시대의 흐름은 단순한 생산력 경쟁을 넘어, 설계-생산-패키징으로 이어지는 균형 잡힌 산업 구조를 갖춘 국가가 주도권을 쥐게 될 것입니다. 즉 반도체 산업의 패러다임은 '규모의 경제'에서 '구조의 효율'로 옮겨가고 있으며, 그 중심에는 설계 역량과 시스템 통합력이 자리하게 될 것입니다.

한국이 팹리스 생태계를 키우고 파운드리 기반을 공고히 한다면, 단순한 '메모리 강국'을 넘어 진정한 종합 반도체 강국으로 도약할 수 있을 것입니다. 이러한 변화는 산업의 성장뿐만 아니라 국가 경제와 기술 패권의 향방을 좌우하는 핵심 전략이 될 것입니다. 결국 반도체는 단순한 산업이 아니라, 국가의 미래를 설계하는 전략 자산이며, 그 방향성을 누가 먼저 잡느냐가 향후 10년의 경쟁력을 결정할 것입니다.

Semiconductor Investment strategy map

CHAPTER 2

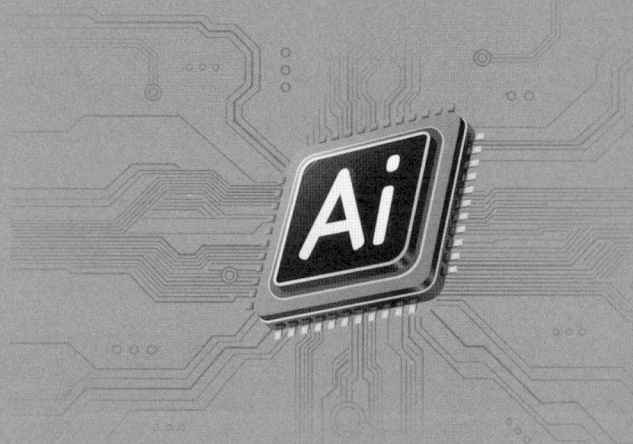

왜 지금 반도체에
투자해야 하는가?

반도체 주식을 지금 사야 하는 이유

———

지금은 '가격'이 아니라 '사이클'을 봐야 할 때입니다. 반도체 주가는 항상 실적보다 먼저 움직이며, 회복 초입에서 가장 큰 수익이 발생합니다. 2장에서는 반복되는 수요·공급의 역사적 패턴을 통해 초입 신호를 식별하는 법을 제시합니다. 이 시점의 투자자는 숫자가 아니라 방향을 읽어야 하며, 시장이 '변곡'하는 순간을 포착해야 합니다.

이번 상승은 단일 제품 테마가 아니라 AI 인프라가 이끄는 구조적 전환입니다. 오픈AI가 수요를 점화하고 엔비디아가 공급망을 압축하며 GPU·HBM·파운드리가 동시 확장되고 있습니다. 이 변화는 단기 이벤트가 아니라 산업 체질의 변경입니다. 즉 이번 사이클은 한 세대의 기술·설비·경쟁 구도를 새로 쓰는 '대전환기'라 할 수 있습니다.

확산의 무대는 첨단 공정에 그치지 않습니다. 8인치 병목과 전장·산업 자동화 수요가 겹치며 레거시 반도체 가격도 반등하고 있습니다. 한쪽만의 랠리가 아니라 밸류체인 전반으로 번지는 파동을 읽어야 합니다. 결국 반도체는 '첨단'과 '레거시'의 경계가 아니라 서로 다른 주기의 파동이 교차하는 거대한 생태계입니다.

마지막으로, 지정학은 리스크이자 기회입니다. 미·중 경쟁은 공급망을 양분하고, 한국의 빅2는 그 갈림길에서 모멘텀의 타이밍이 다른 두 축을 이룹니다. 이 장은 이 사이클을 '점화-확산-정점-조정-2차 파동'으로 해석하고, 지금 우리가 어디에 서 있는지와 어떤 구간에서 어떻게 들어갈지의 원칙을 제시합니다. 이제 중요한 것은 '무엇을 살까'가 아니라, '언제 어떻게 참여할 것인가'입니다. 모름지기 주식 투자는 산업의 심장을 가장 먼저 뛰게 만드는 순간에 올라타는 일입니다. 그 순간을 놓치지 않기 위해, 반도체 투자자인 우리는 지금 반도체 사이클의 언어를 제대로 읽어야 합니다.

역사를 알아야 돈을 번다: 반도체 사이클 분석

반도체 투자의 본질은 반도체 사이클의 흐름을 읽는 능력에 있습니다. 수요와 공급이 반복되는 역사적 패턴을 이해하는 투자자만이 주가 상승의 초입 구간에서 확신 있게 진입할 수 있습니다.

반도체 산업은 첨단 기술 경쟁이 주목받고 있지만, 투자 관점에서 주가를 움직이는 진짜 힘은 기술 그 자체가 아니라 '산업 사이클'에 있습니다. 수요가 먼저 폭발하고, 공급이 뒤따르며, 가격이 상승하고, 실적이 개선되는 과정에서 주가는 실적보다 앞서 움직이는 구조를 가지고 있습니다.

이러한 흐름은 결코 우연이 아니라, 반도체 산업의 공급 구조와 투자 사이클이 맞물린 구조적 특성에서 비롯된 것입니다. 지난 10여 년 동안 이 패턴은 여러 차례 반복되어왔고, 그때마다 주가는 크게 출렁였습니다.

따라서 반도체 산업의 반복되는 사이클을 읽을 수 있다면, 단순한 뉴스나 테마에 흔들리지 않고 주가 상승 초입에 올라탈 수 있는 전략적 기회를 잡을 수 있습니다. 반도체 투자에서 '역사를 아는 것'이 중요한 이유가 바로 여기에 있습니다.

○── 2000년대 초반: PC 수요와 IT 버블의 격변기

21세기 초에 IT 붐이 시작되면서 PC 보급률이 급속도로 올라갔고, 이에 따라 DRAM 수요도 폭발적으로 증가했습니다. 한국의 반도체 기업들은 빠르게 글로벌 점유율을 확대하며 호황기를 맞았습니다. 그러나 2001년 닷컴버블 붕괴와 함께 수요가 꺾이자 DRAM 가격은 순식간에 폭락했고, 많은 중소 반도체 기업들이 무너졌습니다.

1999~2000년은 PC 확산으로 가격과 주가가 상승했던 구간이었고, 2001~2002년은 닷컴버블 붕괴로 수요가 줄고 공급 과잉이 발생한 하락 구간이었습니다. 이 시기의 교훈은 분명합니다. '과열된 수요와 설비투자는 반드시 조정기를 동반한다'는 점입니다.

○── 2010년대: 스마트폰 확산과 클라우드 호황기

2010년 iPhone 4의 성공을 기점으로 스마트폰 시장이 본격적으로 성장하기 시작했습니다. 글로벌 스마트폰 보급이 빠르게 확산되면서 모바일용 DRAM과 NAND 수요가 폭발적으로 증가했고, 삼성전자와 SK하이닉스는 대규모 설비투자와 공정 혁신을 통해 글로벌 경쟁력을 강화했습니다.

하지만 이 시기의 핵심은 단순한 모바일 수요 확대에 그치지 않았습니다. 2016년 이후 클라우드 데이터센터 투자가 폭발적으로 증가하면서, 수요의 중심이 PC와 모바일에서 서버로 이동하는 구조적 변화가 일어났습니다. AI 연산, 스트리밍, 빅데이터 분석 등으로 서버 1대당 메모리 탑재량이 급격히 늘었고, 이로 인해 서버 DRAM 수요가 산업 전체의 수요를 이끄는 핵심 축으로 부상했습니다.

당시 공급은 기술 장벽과 설비 제약으로 빠르게 늘어나지 못했고, 수요는 가파르게 증가하면서 2016~2018년 반도체 가격이 급등했습니다. 이 기간은 반도체 기업들의 실적이 사상 최고치를 기록하고, 주가도 실적보다 앞서 급등한 대표적인 '슈퍼사이클' 구간으로 꼽힙니다.

2020년대 초중반: 팬데믹 특수와 AI 버블

2020년 팬데믹은 공급망을 뒤흔들었지만 반도체 수요를 폭발적으로 끌어올렸습니다. 비대면 근무와 온라인 활동 확대로 노트북·서버·스마트폰 수요가 급증했고, 반도체 기업들의 실적은 사상 최고치를 기록했습니다. 하지만 공급망 병목*과 인플레이션, 긴축 정책의 여파로 2022년부터 사이클은 하락 국면으로 접어들었습니다.

> **공급망 병목**
> (Supply Chain Bottleneck)
>
> 원자재, 부품, 물류 등 공급망의 특정 단계에서 생산이 지연되거나 막히는 현상임. 한 구간의 차질이 전체 생산과 납품 일정에 연쇄적으로 영향을 미치는데, 반도체 산업에서는 특정 공정 장비나 소재 부족이 대표적인 병목 요인임

2023년 이후에는 AI가 새로운 사이클의 동력이 되고 있습니다. 엔비디아가 주도한 AI 서버 투자 붐으로 HBM(고대역폭 메모리), AI용 GPU, 첨단 파운드리 수요가 폭발적으로 늘었습니다. 이 수요는 과거처럼 일시적인 특수가 아니라 구조적인 전환으로 평가되고 있습니다.

◦── 사이클은 어떻게 주가로 이어질까?

반도체 주가는 실적보다 먼저 움직입니다. 일반적으로 침체기에는 주가가 저점 부근에서 횡보하고, 회복기에 진입하면 주가가 먼저 상승하기 시작합니다. 호황기에는 고점을 형성하고, 둔화기에는 다시 하락세로 전환합니다. 이는 반도체 산업이 '선행 산업'의 성격을 지니기 때문입니다.

반도체 수요는 경기의 방향을 미리 반영하고, 투자자들은 실적이 회복되기 전에 이미 미래의 이익 증가를 주가에 선반영하기 시작합니다. 따라서 반도체 주가는 실적보다 6개월에서 1년 정도 앞서 움직이는 경우가 많습니다.

반도체 사이클에서 가장 중요한 시점은 침체기 후반과 회복기 초입입니다. 많은 투자자들이 이때 공포를 느끼지만, 바로 이 구간이 가장 큰 수익이 나는 시점입니다. 재고가 정점에 이르고 감산이 본격화되며, 업황이 '더 나빠지지 않는다'는 신호가 나타나는 순간이 바로 그 시점입니다. 이때 주가는 이미 바닥을 통과하며, 실적이 회

[자료 2-1] 반도체의 4단계 사이클

사이클 단계	시장 상황	수요·공급 변화 및 가격(ASP) 흐름	기업 실적	주가 흐름 및 투자 전략	대표 시기
침체기	수요 둔화, 재고 과잉, 투자심리 위축	공급 > 수요 가격 하락	실적 악화, 재고 부담	저점 부근 횡보 또는 추가 하락 공포 속 매수 기회	2001~2002 (닷컴버블 붕괴), 2012, 2019, 2023 초
회복기	재고 소진 시작, 수요 반등	수요 ≈ 공급 가격 반등 시작	실적 점진적 개선	주가 선행 상승 적극적 매수·포트 확대	2003~2004, 2013~2014, 2020 하반기, 2024
호황기	수요 폭발, 공급 확대, 업황 최고조	수요 > 공급 가격 급등	실적 급증, 수익률 최고	주가 고점 형성 분할 매도 및 이익 실현	1999~2000 (PC), 2016~2018 (모바일·클라우드), 2021 (팬데믹 특수)
둔화기	공급 과잉 전환, 수요 둔화	공급 > 수요 가격 정체 → 하락	실적 둔화	주가 하락 전환 방어적 포트폴리오 전환	2000~2001, 2018~2019, 2022

복되기 전부터 주가가 가파르게 상승하기 시작합니다. 결국 반도체 사이클의 초입을 포착하는 것이 반도체 투자에서 가장 높은 수익률을 가져오는 전략이 됩니다.

[자료 2-2] 반도체 사이클 핵심 지표

구분	지표	의미	해석 포인트	사이클 시그널
수요/공급	DRAM·NAND 고정가격(ASP)	메모리 반도체의 수요·공급 밸런스를 가장 빠르게 반영	가격 상승 전환 → 수요 증가, 재고 소진 신호	가격이 상승세로 전환되면 회복기 진입 가능성 ↑
공급 측면	설비투자(CAPEX)	메모리·파운드리 기업들의 투자 계획 및 집행 규모	CAPEX 증가 → 향후 공급 확대 신호, 과잉 가능성도 체크	CAPEX 급증 시 호황 후 둔화 가능성 경계
재고 흐름	글로벌 재고 수준	수요 대비 공급 잉여분을 보여주는 지표	재고 감소 → 사이클 저점 통과 시그널	재고가 줄기 시작할 때 주가 상승 전환 가능성 ↑
수요 측면	AI·서버 투자 규모	신규 수요 동력(클라우드, AI, HPC 등)의 성장 추세	데이터센터 증설, AI CAPEX 증가 → 중장기 수요 견인	신수요 확장 시 사이클 상승 모멘텀 강화
거시 변수	환율·금리·IT 경기지수	글로벌 수요 환경에 영향을 주는 외부 요인	달러 강세·고금리 → 수요 위축 / 완화 시 반등	거시 환경 개선은 수요 회복 신호와 맞물림
산업 구조	시장 점유율 & 공급 집중도	공급 측 과점도와 경쟁 상황	상위 3사(삼성전자, SK하이닉스, 마이크론)의 공급 조절 주목	공급 조절 강화 시 가격 방어력 상승

AI 슈퍼사이클의 진원지: 오픈AI와 엔비디아

AI 반도체 슈퍼사이클은 오픈AI가 수요를 폭발시킨 순간부터 시작되었습니다. 엔비디아가 이를 기술력과 공급망으로 연결하며 시장을 주도함으로써, 반도체 산업은 새로운 구조적 상승 국면에 진입했습니다.

2022년 11월, 전 세계 기술 산업의 흐름을 완전히 바꿔놓은 사건이 있었습니다. 오픈AI가 챗GPT를 세상에 공개한 순간이었죠. 이건 단순한 기술 발표가 아니었습니다. AI 반도체 산업 전체에 불을 붙이는 점화 장치 역할을 했습니다. 생성형 AI의 등장은 글로벌 차원의 AI 인프라 투자를 폭발적으로 늘리는 촉매가 되었고, 반도체 산업은 이때부터 새로운 슈퍼사이클에 진입하게 됩니다.

이 흐름의 중심축에는 오픈AI와 엔비디아가 있었습니다. 오픈AI가 수요를 터뜨렸다면, 엔비디아는 공급 측면에서 시장을 움직였죠. 이 두 축이 맞물리면서 AI 반도체 슈퍼사이클이 본격적으로 시작된 것입니다.

○── 오픈AI: 챗GPT, AI 판의 게임 체인저

AI 반도체 슈퍼사이클의 출발점은 공급이 아니라 수요에서 시작되었습니다. 과거 PC, 모바일, 클라우드 사이클을 봐도 시장을 움직인 건 늘 '새로운 수요'였죠. 오픈AI는 2022년 말에 챗GPT를 공개하면서 전 세계적으로 폭발적인 수요를 만들어냈습니다.

챗GPT는 그냥 대화하는 챗봇 수준이 아니었습니다. 엄청난 연산 능력을 요구하는 대규모 언어 모델이었죠. 이걸 학습하고 실시간으로 운영하려면 기존 데이터센터로는 감당이 되지 않았습니다. 수십 배에 달하는 고성능 연산 인프라가 필요했고, 하나의 모델을 학습하는 데 GPU가 수천 개씩 들어갔습니다. 학습이 끝난 이후에도 추론 과정에서 계속해서 연산 자원이 투입되었습니다. 모델 규모가 커질수록 DRAM과 HBM(고대역폭 메모리) 수요도 기하급수적으로 늘어났습니다.

이건 기존 IT 수요와는 전혀 다른 차원의 변화였습니다. 즉 단순한 경기 사이클이 아니라 '구조적 전환점'이었죠. 마치 스마트폰이 모바일 슈퍼사이클의 문을 열었던 것처럼, 챗GPT는 AI 슈퍼사이클의 시작을 알리는 방아쇠였습니다. 챗GPT는 누구나 AI의 힘을 '직접 사용'하게 만든 최초의 서비스였습니다. 이 한 번의 경험이 전 세계에 'AI는 선택이 아니라 필수'라는 확신을 심어주었습니다.

엔비디아: AI 반도체 생태계의 중심

AI 반도체 슈퍼사이클을 진짜 산업 사이클로 끌어올린 주인공은 엔비디아였습니다. 생성형 AI 시대의 핵심은 대규모 병렬 연산, 그리고 그걸 가능하게 하는 GPU였죠.

엔비디아는 2010년대 초반부터 AI 가속 기술* 기반을 쌓아왔고, 2015년 이후부터 본격적으로 시장을 주도하기 시작했습니다. AI 수요가 본격화된 2022년 이후, GPU 시장은 사실상 엔비디아가 장악하다시피 했습니다. 엔비디아 H100 같은 고성능 GPU는 전 세계 데이터센터에서 공급이 모자랄 정도로 인기를 끌었고, GPU 성능이 병목이 되면서 엔비디아의 실적은 폭발적으로 성장했습니다.

> **AI 가속 기술**
> (AI Acceleration Technology)
>
> 인공지능 연산을 일반 CPU보다 훨씬 빠르게 수행하도록 설계된 하드웨어·소프트웨어 기술임. GPU, NPU, TPU 같은 전용 프로세서가 대표적이며, 대규모 데이터 학습과 추론 속도를 극적으로 높임. AI 시대의 핵심 인프라로, 반도체 성능 경쟁의 중심이 되는 기술임.

GPU 한 대당 들어가는 메모리 용량도 과거 서버보다 수십 배로 늘어났습니다. 이 때문에 메모리 반도체 기업들의 실적도 빠르게 개선되었습니다. 특히 HBM 수요가 급증하면서 삼성전자, SK하이닉스, 마이크론 테크놀로지 등 글로벌 메모리 3사는 큰 수혜를 받았습니다. GPU, 메모리, 파운드리 전반에서 AI 인프라 설비투자가 확대되면서 산업 전체가 함께 상승하는 구조가 만들어진 겁니다.

○── AI 슈퍼사이클의 진원지를 기억하라

AI 반도체 슈퍼사이클은 오픈AI의 수요 충격과 엔비디아의 공급 지배력이 맞물리면서 촉발되었습니다. 과거 PC, 모바일, 클라우드 사이클과 달리 이번 사이클은 기술 패러다임 전환과 전략적 투자가 결합된 구조적 변화라는 점에서 성격이 완전히 다릅니다. 따라서 단기 주가 흐름이나 뉴스 이벤트에만 집중할 게 아니라 AI 설비투자, GPU·HBM 수급, 메모리 가격 같은 선행 지표를 주의 깊게 봐야 합니다. AI 슈퍼사이클은 경기 사이클이 아니라 기술 패러다임의 전환으로 움직이고 있기 때문입니다.

2022년 말부터 시작된 이 거대한 사이클은 앞으로 반도체 시장의 질서를 근본적으로 바꿔놓을 가능성이 큽니다. 즉 단순한 수요 증가가 아니라 산업 전반의 구조 재편이 동시에 일어나고 있습니다. AI 학습 인프라의 확장은 데이터센터, 통신, 전력 인프라까지 연쇄적으로 영향을 미치며, 반도체 공급망 전체를 재편하고 있습니다. 이런 변화를 추적해야 AI 시대의 진짜 성장축이 어디에 있는지를 파악할 수 있습니다. 그리고 이 흐름의 진원지를 정확히 이해하는 것이 향후 투자 전략을 짜는 데 있어 가장 중요한 출발점이 될 겁니다.

레거시 반도체의 반등과
숨겨진 기회

반도체 슈퍼사이클은 첨단 공정뿐 아니라 성숙 공정 기반의 레거시 반도체로 확산 중입니다. 글로벌 기업의 투자 집중으로 공급이 제한되고 전장·산업용 수요가 늘며 가격 반등이 뚜렷해지고 있습니다.

최근 글로벌 반도체 시장이 다시 한번 큰 흐름을 만들고 있습니다. AI와 첨단 공정이 주목받고 있는 가운데, 이른바 '반도체 슈퍼사이클'에 대한 기대감이 빠르게 확산되고 있죠.

주목할 점은 이 사이클이 단순히 AI 칩이나 HBM, 첨단 공정에만 국한된 흐름이 아니라는 것입니다. 성숙 공정에서 생산되는 레거시 반도체 역시 가격이 점진적으로 반등하면서 시장 전반의 흐름을 뒷받침하는 또 하나의 축으로 부상하고 있습니다. 특히 차량용 반도체, 전력 반도체, 디스플레이 구동칩(DDI) 등은 첨단 공정보다 기술 진입 장벽이 낮지만 공급이 제한되어 있어 안정적인 수익을 창출하고 있습니다.

이러한 구조적 회복은 단순한 경기 반등이 아닙니다. 공급망 재편과 산업 내 수요 다변화가 맞물리면서 나타나는 '질적 변화'로 해석할 수 있습니다.

○── 반도체 슈퍼사이클 속 레거시 반도체의 의미

레거시 반도체는 흔히 성숙 공정(legacy node) 기반에서 생산되는 '범용 반도체'를 뜻합니다. 보통 28나노미터 이상의 공정을 사용하는 제품들이 여기에 해당되며, 대표적으로 아날로그 반도체, MCU*(마이크로컨트롤러), 전력 반도체, 센서, 그리고 구세대 공정에서 생산되는 일부 D램과 낸드 플래시 등이 포함됩니다.

> **MCU(Microcontroller Unit)**
> 센서나 기기를 제어하기 위해 설계된 소형 컴퓨터 칩임. CPU, 메모리, 입출력 장치를 하나로 통합해 단순한 제어 작업을 빠르고 효율적으로 수행함. 가전제품, 자동차, IoT 기기 등 일상 속 대부분의 전자장치에 사용되는 핵심 부품임.

이 부문은 화려한 기술 경쟁의 최전선에 있지는 않지만, 자동차·산업·전력 인프라 등 실물경제의 핵심 수요처를 기반으로 하고 있습니다. 시장의 주목을 받지 않더라도 경기 회복기에 빠르게 수요가 살아나고 실적이 회복되는 특징을 지니고 있죠.

2024년부터 반도체 전반에 대한 수요가 회복 조짐을 보이면서, 레거시 반도체 가격도 완만한 반등세를 탔습니다. 전력 반도체와 MCU를 중심으로 일부 제품군의 단가가 상승하기 시작했고, 고객사들의 선제적 공급망 확보 움직임도 가시화되고 있습니다.

이런 흐름은 단순한 단기 반등이 아니라 반도체 업황 개선 과정

[자료 2-3] 레거시 반도체의 개념

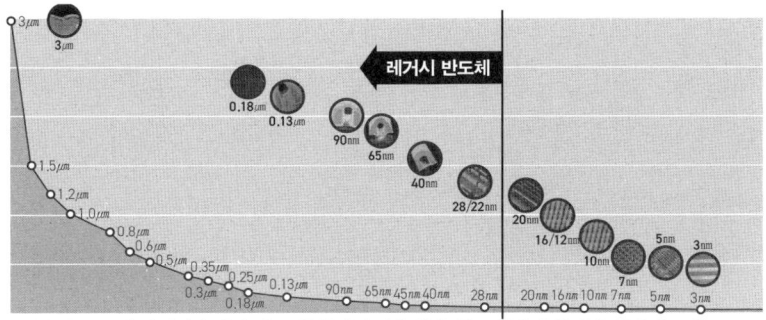

※ 28나노미터 이상의 노드로 제작된 반도체를 레거시 반도체라고 칭한다.

출처: TSMC 홈페이지

에서 레거시 부문이 중요한 축으로 작용하고 있음을 보여주는 신호입니다. 시장에서는 이 흐름을 별도의 '레거시 슈퍼사이클'이라 부르기보다는, '반도체 슈퍼사이클'의 한 축으로 자연스럽게 포함하고 있습니다.

○── 공급 구조의 제약이 만든 반등의 토대

최근 레거시 반도체 가격 반등의 배경에는 수요 회복뿐 아니라 공급 측면의 구조적 제약이 자리하고 있습니다. 글로벌 반도체 기업들이 설비투자와 인력을 대부분 12인치(300mm) 첨단 공정 라인에 집중하면서, 성숙 공정이 주로 활용되는 8인치(200mm) 라인은 사실상 공급 확대가 어려운 상태에 처해 있습니다.

8인치 라인은 1990~2000년대에 구축된 설비가 대부분으로, 현재는 MCU·전력 반도체·센서·레거시 메모리와 같은 범용 제품 생산에 주로 쓰이고 있습니다. 문제는 이 설비들이 기술적 한계와 경제성 문제로 인해 대규모 증설이 사실상 불가능하다는 점입니다. 반면 AI 인프라 투자 확대로 전장·산업용 수요가 빠르게 늘어나면서 공급과 수요 간의 간극이 점점 더 벌어지고 있습니다.

이러한 환경에서는 수요가 조금만 회복되어도 가격이 민감하게 반응할 수밖에 없습니다. 실제로 2024년 들어 MCU와 전력 반도체 일부 품목에서 단가가 상승세를 보이고 있으며, 고객사들의 선제적 공급망 확보 움직임도 가시화되고 있습니다. 첨단 공정 중심의 투자 편중과 성숙 공정 공급 제한이 맞물리면서 레거시 반도체 가격 반등의 토대가 자연스럽게 만들어지고 있는 상황입니다.

○── 전장 산업은 레거시 반도체의 성장 엔진

레거시 반도체 수요의 핵심 축은 단연 '전장(자동차 전자화) 산업'입니다. 전기차와 자율주행차 확산은 차량 구조 자체를 바꾸고 있으며, 그에 따라 차량 한 대에 탑재되는 반도체의 수량도 과거와는 차원이 다르게 증가했습니다. 내연기관 차량에는 200~300개의 반도체가 들어갔지만, 전기차에는 1,000개 이상이 필요하고, 완전 자율주행차로 가면 이 수치는 2,000개를 넘어선다는 전망도 있습니다.

이 가운데 상당 부분을 차지하는 제품이 바로 MCU, 전력 반도체, 센서 등 레거시 제품군입니다. 예를 들어 전기차의 배터리 관리 시스템(BMS), 전력 변환 장치(인버터), 차량용 ECU(전자제어장치)에는 전력 반도체와 MCU가 필수적으로 들어가며, 자율주행차에는 수십 개 이상의 센서와 제어 반도체가 탑재됩니다. 첨단 반도체가 자동차의 '두뇌'라면, 레거시 반도체는 '신경망' 역할을 담당한다고 볼 수 있습니다.

자동차 산업의 디지털 전환 속도 또한 수요를 자극하는 또 하나의 요인입니다. 과거 내연기관차가 기계적 제어 중심이었다면, 지금의 전기차와 자율주행차는 대부분의 기능이 전자화되어 있습니다. 운전 보조 장치(ADAS), 전장 플랫폼, 인포테인먼트*, 배터리·모터 제어까지 반도체가 개입하지 않는 곳이 없습니다. 레거시 반도체는 이런 변화의 최전선에서 실질적 수요를 만들어내고 있는 겁니다.

> **인포테인먼트(Infotainment)**
> 자동차 인포테인먼트 시스템을 뜻함. 차 안에서 오디오·내비게이션·스마트폰 연동 등 '다양한 정보+엔터테인먼트 기능'을 하나로 통합한 멀티미디어 시스템으로, 차량용 반도체 수요를 늘리는 핵심 영역임

이와 더불어 산업 자동화, 로봇, 전력 인프라 분야에서도 수요가 꾸준히 확대되고 있습니다. 제조 공장의 스마트화, 물류 시스템의 자동화, 로봇 생산 설비 확충 등은 모두 센서·MCU·전력 반도체와 같은 범용 칩 없이는 불가능합니다. 전력망 확충과 재생에너지 인프라 확대 역시 전력 제어용 반도체 수요를 구조적으로 증가시키는 중요한 요인이 되고 있습니다.

무엇보다 이 영역의 수요는 AI 반도체와 달리 경기 민감도가 낮고, 실물경제에 기반한 견고한 수요 구조를 갖고 있습니다. 경기 둔

화기에도 필수 투자가 지속되는 만큼, 사이클 초입에서 가장 먼저 회복세를 보일 가능성이 높은 부문이기도 합니다.

○── 반도체 사이클의 '확산 국면'을 주목하라

AI 관련 반도체 기업들의 주가는 이미 고평가 논란이 제기되고 있는 반면, 레거시 반도체 기업들은 여전히 상대적 저평가 구간에 머물러 있는 경우가 많습니다. 공급이 제한적이고 수요는 산업 전반에 폭넓게 존재한다는 점을 고려하면, 이 부문은 단기 테마가 아니라 구조적 성장 스토리로 전환될 가능성이 높습니다.

지금의 반도체 시장은 분명히 확산 단계에 있습니다. AI와 첨단 공정에서 시작된 랠리가 점차 메모리, 비메모리, 그리고 레거시 반도체까지 번지고 있는 상황이죠. 이는 단순한 단기 반등이 아니라 공급 제약과 실수요 회복이 맞물린 구조적 사이클로 해석할 수 있습니다.

투자자 입장에서는 주목받는 영역만 좇는 것보다, 아직 밸류에이션 갭*이 남아 있는 레거시 부문에 시선을 돌릴 필요가 있습니다. 이번 반도체 슈퍼 사이클은 한쪽만의 이야기가 아니라 산업 전반이 함께 올라가는 확산형 사이클이기 때문입니다.

> **밸류에이션 갭(Valuation Gap)**
> 시장 참여자들이 기업·자산의 가치를 평가할 때 매도자 측이 원하는 가격과 매수자 측이 지불할 의사가 있는 가격 사이에 존재하는 차이임. 투자 관점에서 밸류에이션 갭이 클수록 리스크가 높거나 반대로 저평가 기회가 될 수 있음

미·중 패권 전쟁과
반도체 시장

.... ─────────────── ....

미·중은 첨단 반도체 패권을 둘러싼 장기 경쟁을 벌이며 반도체가 지정학의 핵심으로 떠올랐습니다. 이로 인해 미국은 첨단 공급망을, 중국은 자급 체계를 강화하며 시장이 양분되고 있습니다.

지금의 반도체 시장은 기술 경쟁이나 수요 변화의 문제를 넘어, '누가 주도권을 쥘 것인가'의 싸움으로 옮겨가고 있습니다. 글로벌 공급망이 재편되고 투자 흐름이 이동하는 가운데, 미국과 중국의 행보는 단순한 무역 분쟁을 넘어 산업 전반의 균형을 흔들고 있습니다. 과거 기업 간 경쟁이 중심이었던 반도체 시장은 이제 국가 간 세력 균형의 무대로 옮겨왔습니다. 이 변화의 한가운데에 바로 미·중 패권 경쟁이 자리하고 있습니다.

특히 미국은 첨단 장비·소재·설계 기술을 중심으로 글로벌 반도체 생태계를 재편하며, 동맹국을 중심으로 한 '기술 블록화 전략'을 강화하고 있습니다. 반면 중국은 자국 내 대규모 반도체 투자와 국산화 정책을 통해 독자적인 공급망을 구축하려 하고 있습니다. 이처럼 기술과 안보, 산업 전략이 뒤엉킨 경쟁 구도 속에서 반도체는 더 이상 단순한 산업이 아니라 국가 전략의 핵심 인프라로 부상하고 있습니다.

○── 반도체가 패권 경쟁의 무대가 된 이유

미국과 중국의 패권 경쟁은 단순한 무역 갈등이 아니라 미래 기술 패권을 둘러싼 전략적 충돌입니다. 과거에는 에너지와 군사력이 국가 경쟁력의 핵심이었다면, 지금은 첨단 반도체와 AI 기술이 그 자리를 대신하고 있습니다. 반도체는 모든 디지털 산업의 '두뇌' 역할을 하기 때문에 '첨단 반도체의 공급망을 누가 주도하느냐'가 곧 국가의 기술 주권으로 연결됩니다.

미국은 이미 글로벌 반도체 공급망에서 IP, 설계, 장비 등 핵심 기술 영역을 사실상 지배하고 있습니다. 반면 중국은 제조력과 내수 시장은 강하지만, 첨단 공정과 설계 기술에서는 여전히 미국과 큰 격차가 존재합니다. 바로 이 비대칭적 구조가 양국 갈등의 핵심 배경입니다.

○── 미국의 전략: 기술 봉쇄와 공급망 통제

미국은 중국의 반도체 굴기를 견제하기 위해 매우 체계적인 전략을 펼치고 있습니다. 그 핵심은 '첨단 기술의 중국 진입 차단'입니다.

2022년 미국 정부는 첨단 반도체와 장비의 대중 수출을 전면적으로 제한하는 조치를 발표했습니다.

엔비디아의 고성능 GPU인 엔비디아 A100과 엔비디아 H100은 물론이고 14나노 이하의 첨단 공정을 구현할 수 있는 장비의 대중 수출도 사실상 봉쇄되었습니다. 여기에 미국은 자국 기업뿐 아니라 동맹국의 기업까지 '우회 수출'을 막는 제3국 제재 조항도 포함시켰습니다.

이 조치는 단순한 규제가 아니라, 중국의 기술 추격을 장기적으로 지연시키려는 전략적 조치였습니다. 이와 함께 미국은 동맹국들과의 협력을 통해 중국을 고립시키는 '공급망 동맹망(Chip Alliance)'을 구축하고 있습니다. TSMC, 삼성전자, ASML 등 핵심 기업들이 미국의 전략에 함께 하는 이유가 바로 여기에 있습니다.

○── 중국의 대응: 자급률 확대와 기술 자립 가속

중국 역시 손을 놓고 있지 않습니다. 미국의 강력한 제재 속에서도 자급률 확대와 기술 자립에 국가적 역량을 집중하고 있습니다. 대표적으로 SMIC(중국 최대 파운드리 기업)는 미국의 제재에도 불구하고 7나노급 공정 구현에 성공했다는 소식이 전해지며 시장의 주목을 받았습니다. 이는 중국이 완전히 고립된 것이 아니라 내부 역량을 통해 일정 수준까지 기술 추격이 가능하다는 신호로 해석되고 있습니다.

[자료 2-4] 세계 반도체 성숙(구형) 공정 캐파 비중 전망 (단위: %)

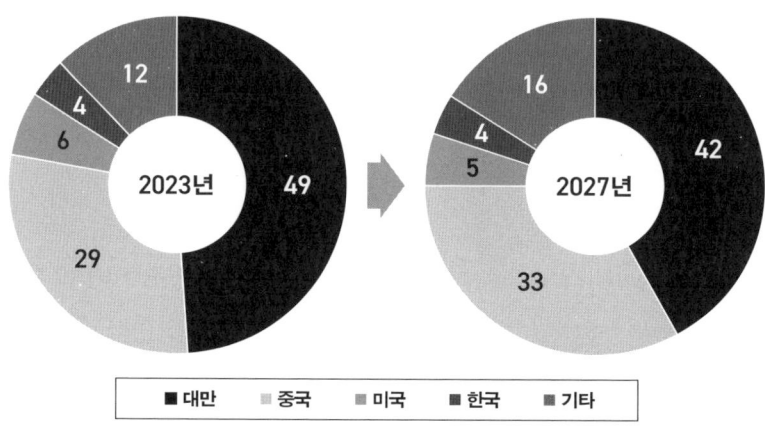

출처: 시장조사업체 트렌드포스

중국 정부는 '중국제조 2025' '반도체 굴기' 등 국가 전략을 통해 막대한 보조금과 정책 지원을 아끼지 않고 있습니다. 또 하나 주목할 점은 레거시 반도체 투자 확대입니다. 첨단 공정에서 미국의 기술 장벽을 단기간에 넘기 어렵다고 판단한 중국은 28나노 이상 성숙 공정에 대규모 자금을 투입해 자급 기반을 강화하고 있습니다. 이는 단기적으로 중국 산업 생태계를 방어하면서, 장기적으로 기술 추격의 발판을 마련하기 위한 전략입니다.

○— 동맹국들과의 글로벌 공급망 재편

미·중 갈등의 여파는 동맹국과 글로벌 기업들에게도 직격탄으로 작용하고 있습니다. 미국은 동맹국들에게 사실상 '진영 선택'을 강요하고 있고, 글로벌 반도체 공급망은 점점 두 개의 축으로 분리되는 양상을 보이고 있습니다.

- 미국 중심 서방 공급망: 미국, 일본, 한국, 대만, 네덜란드 등과 연계
- 중국 중심 자급 공급망: 중국 내의 내수 및 일부 제3국과 연계

이러한 상황에서 한국을 비롯한 동맹국 기업들은 매우 민감한 줄타기를 해야 하는 처지에 놓여 있습니다. TSMC는 미국 애리조나에 대규모 첨단 공장을 짓고 있으며, 삼성전자도 텍사스 테일러에 파운드리 생산 기지를 건설하고 있습니다. ASML과 일본은 수출 규제 강화로 미국 전략에 동참하고 있습니다.

특히 한국은 세계 메모리 반도체 시장의 70% 이상을 차지하고 있는 핵심 플레이어입니다. 삼성전자와 SK하이닉스는 모두 중국에 생산 거점을 두고 있어, 미국의 제재와 중국의 반발 사이에서 균형 잡힌 전략적 선택이 불가피합니다.

중국 내 반도체 생산 시설에 대한 미국의 제재 유예 조치가 언제까지 이어질지는 불확실한 가운데 한국 기업들은 기술 경쟁력 강화와 함께 공급망 다변화, 미국과의 전략적 공조 강화, 그리고 중국 리스크 관리라는 복합적 과제를 동시에 풀어가야 하는 상황에 놓여 있습니다.

이처럼 공급망이 지정학적으로 양분되는 현상은 단순한 시장 재편이 아니라 산업 구조 자체의 근본적 변화를 의미합니다. 기업 입장에서는 한쪽 진영에 명확히 서야 하는 상황이 늘어나고 있으며, 글로벌 가치사슬의 복잡성은 오히려 감소하는 대신 정치적 리스크가 커지고 있는 상황입니다

○── AI 시대가 본격화되며 갈등은 더 심화된다

AI 시대가 본격화되면서 반도체는 그 어느 때보다 전략적 자산이 되고 있습니다. 특히 생성형 AI는 엄청난 연산 능력을 필요로 하고, 이 과정에서 고성능 GPU와 HBM, 첨단 파운드리 공정이 핵심 경쟁력으로 부상했습니다.

미국은 AI 반도체를 '21세기의 석유'로 보고 있으며, 이를 둘러싼 통제 강도를 점점 높이고 있습니다. 중국 역시 AI와 반도체를 전략 산업으로 명확히 규정하고 투자를 확대하고 있습니다. 이처럼 양국 모두 AI 인프라 확보를 국가 전략으로 삼고 있는 상황에서 갈등은 단기적 현상이 아니라 장기적인 구조적 대립으로 봐야 합니다. 반도체 산업이 지정학적 갈등의 중심에 서게 된 이유도 바로 여기에 있습니다.

이러한 글로벌 갈등은 투자자에게도 단순한 지정학 이슈가 아닌 산업 구조 변화를 읽는 중요한 시그널이 됩니다. 단기적으로는 규제와 수출 통제에 따른 공급망 불확실성이 주가 변동성을 키울 수 있

습니다. 그러나 중장기적으로는 미국 중심의 첨단 공급망이 공고해지고, 동시에 중국의 레거시 및 자급 시장이 확대되는 이원화 구조가 만들어질 가능성이 높습니다.

이는 반도체 투자 전략에서도 '첨단 vs. 레거시' '미국 진영 vs. 중국 진영'이라는 새로운 구도를 의미합니다. 첨단 공정에 집중하는 파운드리와 AI 반도체 기업들은 미국 정책의 수혜를 볼 가능성이 높고, 반대로 중국 내수와 레거시 시장에 집중하는 기업들도 또 다른 성장 기회를 맞이할 수 있습니다.

미·중 패권 경쟁의 파고는 앞으로도 이어질 것이고, 이 과정에서 반도체 산업은 새로운 균형점을 찾아갈 것입니다. 누가 공급망의 주도권을 잡는지가 향후 10년 글로벌 경제의 향방을 결정짓는 중요한 분기점이 될 것입니다.

AI 슈퍼사이클의 시작과
앞으로의 전망

AI 슈퍼사이클은 산업 구조 전환을 이끄는 중장기 상승 흐름으로, 2025년 현재 그 중심 국면에 있습니다. AI 인프라 수요가 급증하며 공급 확대 전까지 상승세가 계속 이어질 가능성이 높습니다.

2025년 현재 글로벌 반도체 시장은 분명히 커다란 사이클의 한가운데 서 있습니다. AI 서버, 전장 반도체, 통신용 칩 등 다중 수요가 동시에 폭발하며 산업 전반의 확장 국면을 이끌고 있습니다. 2~3년 전만 해도 AI는 일부 기술 기업의 영역으로 여겨졌지만, 지금은 산업 전반의 성장 동력으로 자리 잡았습니다. 반도체 업황 역시 이러한 변화의 수혜를 가장 먼저 받고 있습니다. 지금 우리가 보는 변화는 순환이 아니라, 산업의 체급 자체가 달라지는 순간입니다.

이번 사이클이 과거와 다른 점은 명확합니다. 과거 PC나 모바일처럼 단일 제품 수요에 기반한 상승이 아니라, AI 인프라를 중심으로 한 산업 구조 전반의 전환이라는 점입니다. 즉 반도체가 단순한 부품이 아닌 기술 생태계의 중심축으로 격상된 것입니다. 이 때문에 시장에서는 이번 흐름을 '단기 반등'이 아닌 'AI 슈퍼사이클'로 규정하고 있습니다.

◦── 2025년은 AI 슈퍼사이클의 중반부

2022년 말 오픈AI의 챗GPT 공개를 계기로 점화된 AI 수요는 2024년을 거치며 본격적인 슈퍼사이클의 문을 열었습니다. 그리고 2025년은 이 사이클의 중반부, 즉 상승 모멘텀이 가장 강하게 작용하는 구간입니다.

AI 서버와 GPU, HBM 등 핵심 부문에서 수요가 실적에 본격 반영되고 있으며, 공급은 여전히 이를 따라가지 못하고 있습니다. 이처럼 수요 우위의 시장 구조가 유지되는 한, 상승 압력은 당분간 지속될 가능성이 높습니다.

특히 이번 슈퍼사이클의 가장 큰 특징은 '수요의 성격'입니다. 과거 사이클이 소비재 중심이었다면, 이번에는 산업 인프라와 국가 전략 차원의 투자가 핵심입니다. 금융·제조·공공 부문 등 다양한 산업에서 AI 인프라를 적극적으로 구축하고 있어 수요의 저변이 넓고, 경기 변동에 영향을 덜 받는 구조가 만들어지고 있습니다.

또 하나 중요한 점은 수요가 특정 기업에 집중된 것이 아니라 글로벌 공급망 전반으로 확산되고 있다는 점입니다. 이는 사이클이 일시적으로 꺾이기보다는 점진적인 파동 형태로 이어질 가능성이 높습니다.

○── AI 슈퍼사이클의 지속 변수: 수요와 공급

AI 슈퍼사이클의 지속 기간을 결정짓는 핵심 변수는 두 가지입니다. 그것은 바로 수요의 강도와 공급 확장 속도입니다.

수요 측면에서 보면, AI는 일시적인 테마가 아니라 산업 구조 자체를 바꾸는 흐름입니다. 금융, 제조, 공공, 의료 등 모든 산업에서 AI 인프라 투자가 진행되고 있어, 수요 기반이 넓고 장기 지속 가능성이 높습니다.

공급 측면에서 보면, 주요 반도체 기업들은 이미 대규모 증설*에 착수한 상태입니다. 다만 이 투자 효과가 실제 생산량으로 본격 반영되는 시점은 2026~2027년 전후가 될 것으로 예상됩니다. 그래서 이 시기부터는 공급 압력이 높아지고, 사이클이 조정 국면에 들어설 가능성도 점차 커질 수 있습니다.

> **증설**(Expansion of Production Capacity)
>
> 기존 공장이나 설비의 생산 능력을 늘리기 위해 설비를 추가하거나 새로 짓는 행위임. 수요 증가나 시장 점유율 확대를 위해 기업이 선택하는 대표적 투자 전략임. 업계에서는 '캐파(Capacity, 캐퍼시티)'라고도 부름

중요한 점은 조정기가 곧 사이클의 종료를 의미하지 않는다는 것입니다. 과거 모바일과 클라우드 사이클에서도 중간 조정기를 거친 뒤 2차 상승 파동이 이어진 사례가 많았습니다. AI 역시 산업의 기반 기술로 자리 잡고 있기 때문에, 2028년 이후에는 AI 응용산업 확산에 따른 2차 수요 파동이 나타날 가능성도 충분히 존재합니다.

정점을 맞추려 하지 말고 구간을 읽어라

많은 투자자들이 슈퍼사이클이 언제 끝날지에 집중하지만, 실제로는 정점을 예측하는 것보다 지금이 어떤 구간에 있는지를 파악하는 것이 훨씬 중요합니다.

2025년은 슈퍼사이클의 가장 강한 중반부이며, 특정 섹터(GPU, 메모리, HBM)는 이미 고평가 논란이 일 수 있지만, 공급이 따라오기 전까지는 상승 탄력이 유지될 가능성이 높습니다. 반면 장비나 레거시 부문 등 후행 섹터는 지금부터 본격적인 랠리에 진입할 여지도 있습니다.

2022~2023년 점화기를 거쳐 2024~2025년 확산 및 본격 진입기에 들어섰으며, 2026년 전후 정점 구간을 지나 2027년에는 공급 확장에 따른 조정이 시작될 가능성이 있습니다. 이후 2028년 이후에

[자료 2-5] 반도체 사이클의 파동형 구조

구분	시기	특징
점화기	2022년 말~2023년 초	초기 수요 폭발, 주가 선행 반응
확산기	2023년 하반기~2024년	CAPEX 급증, 메모리·GPU 수요 확산
중반부 (진행기)	2025년~2026년	실적 본격 반영, AI 인프라 전 산업 확산
조정기 가능성	2026년 말~2027년	공급 확대 → 가격 압박 가능성
성숙기 또는 2차 사이클	2028년 이후	AI 응용산업 확산에 따른 수요 재점화 가능성

는 AI 응용 산업 확산에 따른 2차 파동이 전개될 수 있다는 전망이 유력합니다. 즉 이번 사이클은 단일한 정점이 찍히는 형태가 아니라 '점화 – 확산 – 정점 – 조정 – 2차 파동'으로 이어지는 파동형 구조를 보일 가능성이 높습니다.

따라서 반도체 투자자라면 단기 가격 등락에 흔들리기보다, 사이클의 흐름과 구간별 특징을 읽는 전략적 시각이 필요합니다. 지금은 파동의 끝이 아니라 본격적인 성장 구간의 한가운데에 있다는 점을 기억해야 합니다.

Semiconductor Investment strategy map

CHAPTER 3

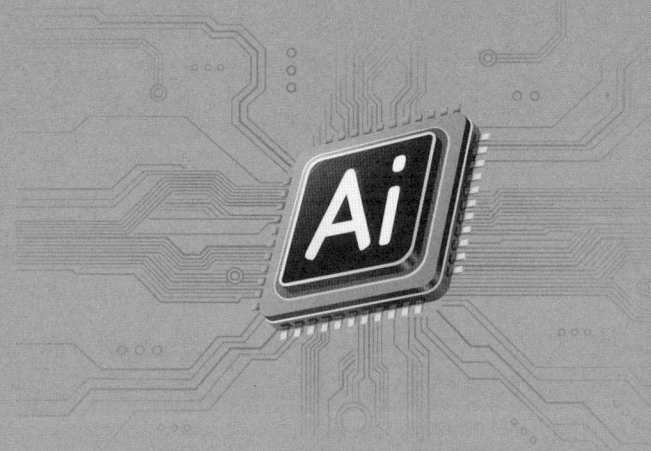

빅2(삼성전자·SK하이닉스) 투자 지도

빅2를 읽어야 한국 반도체 지도가 보인다

삼성전자와 SK하이닉스는 한국 증시의 중심이자 글로벌 메모리 시장의 양대 축입니다. AI 슈퍼사이클이 본격화된 지금, 두 기업의 방향성은 단순한 개별 종목 이슈를 넘어 산업 사이클의 강도와 속도를 가늠하게 합니다. 빅2를 제대로 읽는 일은 곧 한국형 반도체 투자 지도를 손에 넣는 일과 같습니다. 3장의 출발점은 '두 기업의 움직임이 곧 시장의 흐름'이라는 인식에서 시작됩니다.

이 장에서는 빅2의 현재 위치와 역할을 압축해서 짚어봅니다. 삼성전자는 '메모리+파운드리' 이중 엔진으로 체질 전환을 추진하고 있으며, SK하이닉스는 HBM을 축으로 AI 인프라 수요의 정중앙에 서 있습니다. 두 기업의 전략은 다르지만, 같은 사이클 위에서 서로 다른 타이밍과 모멘텀을 만듭니다. 이 대비되는 전략은 결국 '누가 먼저, 얼마나 강하게' 성장 동력을 회수하느냐의 싸움으로 이어집니다.

이어 2026년을 분기점으로 삼아 빅2의 실적·재무 트렌드를 점검해보겠습니다. SK하이닉스는 HBM과 DDR5의 동반 질주로 사상 최대 실적이 예상되고, 삼성전자는 파운드리·패키징·시스템 반도체 확대로 사이클의 중심 무대로 복귀할 가능성이 높습니다. 핵심은 숫자 그 자체보다 '이익 구조의 변화'와 '수주·수율의 추세'입니다. 즉 단순한 실적 비교가 아니라 어떤 구조적 변화를 통해 기업 가치가 재평가되는지를 읽어야 합니다.

마지막으로 투자 관점의 포지셔닝을 제시합니다. 삼성전자는 후반 랠리를 준비하는 전략적 저평가 구간이며, SK하이닉스는 성장성은 견고하되 단기 가격 반영이 앞선 만큼 진입 타이밍이 관건입니다. 이 장에서는 두 기업의 상이한 모멘텀을 한 지도 위에 올려, 구간별 전략과 리스크 관리의 기준점을 제공합니다. 결국 투자자는 두 기업을 경쟁 구도로 보지 말고, 같은 사이클의 다른 국면을 담당하는 '투자 포트의 두 축'으로 이해해야 합니다.

대한민국 반도체 빅2,
바로 알기

삼성전자와 SK하이닉스는 글로벌 메모리 시장을 주도하는 핵심 축이자 한국 증시의 중심입니다. AI 확산 속에서 두 기업은 반도체 사이클을 넘어 구조적 성장의 중심 구간에 들어섰습니다.

전 세계 반도체 시장을 이야기할 때 한국의 두 기업을 빼놓고는 논의 자체가 성립하지 않습니다. 두 기업은 글로벌 메모리 공급의 70% 이상을 차지하며, 기술 경쟁력과 생산 규모 면에서 사실상 세계 시장의 기준을 세우고 있습니다. 삼성전자와 SK하이닉스는 메모리 반도체 분야에서 글로벌 시장을 주도하고 있으며, 산업 사이클의 흐름을 가장 먼저 반영하는 핵심 축이기도 합니다.

이들의 움직임은 단순히 한 나라의 기업 실적을 넘어 글로벌 IT 생태계와 투자 심리에 직접적인 파급력을 미칩니다. AI, 클라우드, 모바일 시장의 성장률조차 이 두 기업의 생산 계획에 영향을 받을 정도로 긴밀히 연결되어 있습니다. 결국 반도체를 본다는 건, 곧 삼성전자와 SK하이닉스를 통해 산업의 맥박을 읽는 일과도 같습니다.

○── 글로벌 메모리 양대 축, 삼성전자·SK하이닉스

삼성전자와 SK하이닉스는 한국 증시에서도 압도적인 비중을 차지합니다. 코스피 시가총액에서 삼성전자 한 기업이 차지하는 비중은 20%를 넘고, SK하이닉스까지 합치면 사실상 한국 증시의 핵심 동력이 됩니다. 반도체 업황의 변화가 곧 한국 증시 전체의 방향성과 직결되는 이유가 여기에 있죠.

현재 글로벌 메모리 반도체 시장은 사실상 소수 기업이 과점하고 있습니다. 삼성전자는 D램과 낸드플래시 모두에서 글로벌 1위를 지키고 있고, SK하이닉스는 D램 2위, 낸드 3~4위를 오가며 삼성의 뒤를 바짝 추격하고 있습니다. 두 기업을 합치면 전 세계 메모리 시장 점유율이 무려 70%에 육박합니다.

메모리 반도체 산업은 전통적으로 경기와 IT 수요에 민감하게 반응해왔습니다. 수요가 증가하면 가격이 오르고 설비 투자가 확대되며, 공급이 늘어나면 가격이 조정되는 패턴이 반복되는 구조입니다. 흥미로운 점은 이 사이클의 초입에서 삼성전자와 SK하이닉스의 주가가 가장 먼저 움직인다는 것입니다. 글로벌 수요 증가가 감지되면 선행 발주가 집중되는 곳이 바로 이 두 기업이기 때문이죠. 실제로 과거 여러 차례의 사이클에서 두 기업의 주가 흐름은 업황 회복의 '선행 지표' 역할을 해왔습니다.

이처럼 '시장을 지배하는 기업이 소수에 불과하다'는 점은 굉장히 중요한 투자 포인트입니다. 공급자가 분산된 산업은 가격 경쟁이 심해 마진이 얇아지기 쉽지만, 소수의 기업이 시장을 과점하고 있는 산업은 사이클이 돌아올 때 수익성이 급격히 개선되는 구조를 가지고 있습니다. 메모리 반도체가 경기 변동에 민감한 산업임에도 불구하고, 일정 수준 이상의 가격 협상력과 생산 측면에서 우위를 확보할 수 있다는 점은 분명 강점이라 할 수 있습니다.

○── 글로벌 IT 수요의 '허브'에 위치한 기업

삼성전자와 SK하이닉스는 단순한 메모리 생산 기업이 아닙니다. 이들의 제품은 글로벌 빅테크 기업들의 AI 서버*, 클라우드 데이터센터, 스마트폰, 자율주행차, 산업 자동화 설비 등 모든 디지털 산업의 전반에 들어가는 핵심 부품입니다.

AI 슈퍼사이클이 본격화된 이후에 HBM(고대역폭 메모리)은 GPU와 함께 AI 인프라 투자의 핵심 축으로 자리 잡았습니다. SK하이닉스는 5세대 HBM(HBM3E)을 엔비디아에 사실상 독점적으로 공급하며 2024년부터 강한 주가 상승세를 이어가고 있습니다.

물론 삼성전자 역시 기술 경쟁력을 빠르게 끌어올리며 SK하이닉스 뒤를 바짝 추격 중입니다. 이처럼 고부가가치 제품인 HBM을 중심으로 한 경쟁력 덕분에 두 기업은 글로벌 IT 생태계 전반에 막대

> **AI 서버(AI Server)**
> 인공지능 연산을 위해 설계된 고성능 서버임. 일반 서버와 달리 GPU, TPU, 고속 메모리 등 특화된 하드웨어를 탑재해 대용량 데이터 학습·추론을 빠르게 처리할 수 있음. 생성형 AI, 자율주행, 실시간 추천 등 고부하 AI 워크로드를 가능하게 하는 인프라 핵심임

한 영향력을 행사하고 있습니다. 이러한 두 기업의 차별화된 흐름은 투자자 입장에서도 시장 사이클의 방향과 타이밍을 가늠할 수 있는 중요한 기준점이 됩니다.

○── 사이클과 AI 구조적 성장의 접점에 서다

삼성전자와 SK하이닉스는 전통적인 사이클 산업에 속해 있으면서도 AI 산업의 구조적 성장 중심 한가운데 서 있는 핵심 기업입니다. AI, 자율주행, 산업 자동화, 클라우드 등 신성장 산업이 확산될수록 이들의 메모리 반도체 수요는 더 커질 수밖에 없습니다. 데이터의 폭증과 연산 성능의 고도화가 곧 메모리 용량과 속도의 경쟁으로 이어지기 때문입니다.

특히 HBM의 경우 현재 공급이 수요를 따라가지 못하고 있으며, 이러한 공급 불균형은 향후 2~3년간 지속될 가능성이 높습니다. HBM은 단순한 제품이 아니라 AI 서버의 성능을 결정하는 핵심 부품으로, 사실상 'AI 시대의 원유' 역할을 하고 있습니다. 이는 단순한 경기 순환을 넘어 산업 구조 전환에 기반한 장기 성장세로 이어질 수 있음을 의미합니다. 이 때문에 삼성전자와 SK하이닉스의 투자 매력은 과거 어느 때보다 부각되고 있습니다.

삼성전자:
파운드리와 메모리의 이중 전략

삼성전자는 메모리와 파운드리를 아우르는 유일한 종합 반도체 기업입니다. AI 슈퍼사이클 중반부에 접어들며 삼성전자의 '메모리+파운드리' 이중 엔진 구조가 다시 성장 모멘텀으로 부각되고 있습니다.

    삼성전자는 글로벌 반도체 산업에서 단순한 생산기업이 아니라 '메모리와 파운드리'라는 두 영역을 모두 아우르는 몇 안 되는 종합 반도체 기업입니다. 메모리 시장에서의 압도적 경쟁력과 함께 비메모리 분야인 파운드리 사업에서도 글로벌 1위를 달성한 TSMC를 추격하며 또 하나의 성장 축을 만들어가고 있습니다.

    하지만 2024년까지의 주가 흐름만 놓고 보면 상황은 그리 녹록지 않았습니다. 같은 기간 SK하이닉스가 AI 열풍과 함께 HBM(고대역폭 메모리) 공급의 수혜를 집중적으로 받으며 주가가 가파르게 상승한 것과 달리 삼성전자는 상대적으로 부진한 흐름을 보였기 때문입니다. 그 이유는 단순한 실적 차이 그 이상에 있습니다.

◦── 파운드리 적자와 AI 수혜의 시차

삼성전자의 주가가 SK하이닉스에 비해 덜 오른 첫 번째 이유는 파운드리 사업의 부진이었습니다. 파운드리 사업은 메모리와 달리 수익성이 높은 영역입니다. 하지만 지난 2년간 삼성전자는 첨단 공정에서 TSMC에 밀리며 점유율이 정체되었고, 2024년 한 해 동안 파운드리 부문에서만 약 4조 원대의 적자를 기록한 것으로 추정됩니다.

특히 3나노 이하 첨단 공정에서의 수율 문제가 장기화되면서 글로벌 고객사의 발주가 제한되었고, AI 인프라 설비투자 수혜도 자연스럽게 TSMC로 먼저 몰리는 현상이 나타났습니다. HBM 수요 폭발이 메모리 업황을 끌어올리는 동안, 삼성전자는 파운드리 부문에서 이렇다 할 모멘텀을 만들어내지 못했죠.

◦── HBM 퀄 테스트* 지연의 영향

두 번째 이유는 HBM3·HBM3E 퀄 테스트 통과 지연입니다. AI 서버 시장의 폭발적 성장은 고성능 GPU와 함께 HBM 수요를 급격히 끌어올렸고, 이 과정에서 SK하이닉스는 NVIDIA에 5세대 HBM(HBM3E)을 사실상 독점 공급하면서 시장의 스포트라이트를 받았습니다.

반면 삼성전자는 초기 수율 및 발열 이슈 등으로 인해 엔비디아의

HBM 퀄 테스트 통과가 지연되면서 수주에서 다소 밀릴 수밖에 없었습니다. 투자자 입장에서는, AI 사이클의 초기 국면에서 가장 큰 수혜를 받은 SK하이닉스와 달리 삼성전자는 뒤늦은 추격자로 인식되는 분위기가 강해졌습니다. 이 두 가지 요인이 겹치면서 삼성전자 주가는 SK하이닉스에 비해 상대적으로 부진한 흐름을 이어올 수밖에 없었습니다.

> **퀄 테스트(Quality Test)**
> 반도체 칩이 설계·제조된 후 정상 동작하는지, 성능·신뢰성이 기준에 맞는지를 검증하는 시험단계임. 결함이 없는 제품만 출하되도록 수율을 확보하고 불량률을 낮추는 핵심 프로세스로, 이 과정의 엄격성은 결과적으로 기업 수익성과 제품 신뢰도를 좌우함

○── 변화의 조짐: 삼성전자의 반격 시그널

하지만 2025년 하반기로 접어들면서 상황은 조금씩 달라지고 있습니다. 삼성전자는 엔비디아의 HBM3E 퀄 테스트를 통과하며 AI 메모리 시장에 본격적으로 진입하기 시작했고, 그간 부진했던 파운드리 부문에서도 전략적 수주 소식이 이어지고 있습니다.

가장 주목할 만한 이슈는 테슬라와 애플의 파운드리 수주 관련 소식입니다. 테슬라의 차세대 AI 칩 생산, 그리고 애플의 차세대 칩 라인업 일부를 수주할 가능성이 시장에서 부각되면서 투자 심리가 개선되고 있습니다. 물론 TSMC와의 격차를 단숨에 좁히는 건 쉽지 않겠지만, 수율 개선과 고객사 다변화는 의미 있는 전환점입니다.

또 하나 눈에 띄는 포인트는 '유리 기판* 인터포저' 사업 진출입니

다. AI 서버용 고성능 패키징 경쟁이 본격화되는 가운데, 삼성전자는 실리콘 인터포저를 대체할 수 있는 차세대 유리 기판 기술을 선도적으로 개발하고 있습니다. 유리 기판 인터포저는 반도체 칩 여러 개를 고밀도로 연결하기 위해 유리 소재로 만든 중간 기판을 말하는데, 휨이 적고 고주파 신호 손실이 낮아 AI와 HPC용 패키징에서 차세대 기술로 주목받고 있습니다. 이러한 유리 기판은 발열 관리와 집적도 측면에서 차세대 패키징의 핵심으로 평가받으며, 파운드리와 메모리를 동시에 보유한 삼성전자로서는 수직계열화를 통해 기술 경쟁력을 극대화할 수 있는 분야입니다.

> **유리 기판**(Glass Substrate)
> 유리 소재로 제작된 반도체용 기판으로, 칩을 지지하고 전기적 신호를 전달하는 역할을 함. 실리콘보다 휨이 적고 신호 손실이 낮아 고성능·고집적 패키징에 적합해 AI 반도체와 HPC(고성능 컴퓨팅) 패키징의 핵심 차세대 소재로 주목받고 있음

○── 사이클 후반부의 주도주로 부상할 수 있을까?

삼성전자의 지난 2년은 AI 슈퍼사이클 초입에서 기회를 놓친 시기였다고 볼 수도 있습니다. 하지만 동시에 지금은 기회를 다시 잡을 수 있는 전환점에 서 있는 시기이기도 합니다.

삼성전자의 가장 큰 전략적 장점은 '메모리+파운드리' 이중 엔진 구조입니다. SK하이닉스가 메모리 수익성에 집중하는 반면, 삼성전자는 HBM 경쟁력 강화와 함께 파운드리 사업의 구조 전환을 병행하며 AI 인프라 밸류체인 전반을 아우르는 전략을 추진하고 있습니다.

[자료 3-1] 시스템반도체 사업의 성과가 기대되는 삼성전자

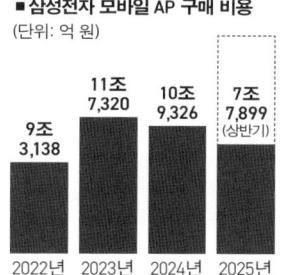

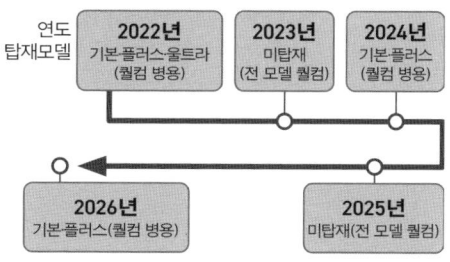

※ 보급형(FE) 모델과 폴더블 제외

출처: 삼성전자, 업계 종합

　최근에는 여기에 '시스템 반도체 사업의 진전'이라는 새로운 변수가 추가되고 있습니다. 삼성전자가 새로 내놓은 엑시노스 2600을 차세대 갤럭시 S26 시리즈에 탑재할 가능성이 제기되었습니다. 이 같은 소식은 시스템반도체 사업에서도 의미 있는 성과가 기대된다는 평가로 이어지면서 삼성전자의 모바일용 칩 자립 전략과 설계 역량 강화가 다시금 투자자들 시야에 들어오기 시작했습니다.

　이미 엔비디아 HBM3E 납품 가능성이 가시화된 상황에서, 시스템반도체 설계 및 파운드리 진입 확대가 현실화된다면 삼성전자에 대한 시장의 밸류에이션도 달라질 수 있습니다. 2025~2026년은 AI 슈퍼사이클의 중반부, 즉 파운드리와 패키징, 시스템반도체 설계까지 범위가 확산되는 국면이라는 점에서 삼성전자의 전략적 위치는 더욱 중요해질 가능성이 큽니다.

SK하이닉스:
HBM을 등에 업은 메모리 강자

.... ─────────────── ....

SK하이닉스는 HBM을 앞세워 AI 슈퍼사이클의 중심에 우뚝 선 메모리 절대강자입니다. 엔비디아 독점 공급과 차세대 HBM4 개발로 글로벌 메모리 시장의 주도권을 확실히 굳혀가고 있습니다.

SK하이닉스는 전통적으로 삼성전자의 뒤를 잇는 '2위 사업자'라는 인식이 강했습니다. 하지만 2024~2025년 글로벌 반도체 시장의 흐름은 이 오래된 구도를 뒤흔들고 있습니다. AI 인프라 확산의 핵심 부품인 HBM에서 SK하이닉스가 삼성전자를 제치고 글로벌 시장의 주인공으로 떠올랐기 때문입니다.

특히 HBM은 단순한 제품군이 아니라 AI 슈퍼사이클을 이끄는 핵심 성장 동력이라는 점에서, 이번 주도권 변화는 단기적 이벤트가 아니라 산업 구도 자체의 변화를 의미합니다. 현재 엔비디아의 AI 칩 대부분이 SK하이닉스의 HBM을 채택하고 있으며, 이는 기술력뿐 아니라 생산 안정성에서도 시장의 신뢰를 확보했다는 의미입니다. 이처럼 SK하이닉스는 AI 반도체 생태계의 핵심 공급자로 자리매김하면서, 단순한 '메모리 기업'을 넘어 차세대 AI 인프라의 전략적 파트너로 부상하고 있습니다. 이 변화는 SK하이닉스에게 단순한 점유율 확대 이상의 기회를 제공합니다. AI 인프라 확대라는 대세 속에서, 메모리의 위치가 핵심 '허브'로 올라서고 있는 지금이 바로 전략적 진입점입니다.

HBM의 시작: SK하이닉스의 선제 대응

SK하이닉스가 HBM 개발에 뛰어든 시점은 2010년대 중반으로 거슬러 올라갑니다. 2013년 업계 최초로 HBM1 개발을 완료했고, 2015년부터 양산에 돌입했습니다. 이후 HBM2, HBM2E를 거치면서 기술적 완성도를 높였고, 2022년에는 4세대 제품인 HBM3 양산을 시작하며 본격적인 시장 주도권 확보에 나섰습니다.

SK하이닉스의 결정적 전환점은 '엔비디아와의 협력'이었습니다. 2023년 AI 붐을 촉발한 챗GPT 이후 엔비디아는 AI 학습·추론 성능 향상을 위해 대규모 GPU 인프라 확대에 착수했고, 이 과정에서 고성능·고대역폭 메모리인 HBM이 필수 부품으로 부상했습니다. SK하이닉스는 업계에서 가장 먼저 안정적인 수율과 공급 능력을 갖춘 HBM3 공급망을 마련했고, 이를 기반으로 엔비디아의 주요 AI GPU 제품군에 사실상 독점 납품을 시작했습니다. 2024년에는 HBM3E(5세대) 납품까지 본격화되면서, SK하이닉스는 AI 인프라 수요 확산의 최대 수혜주로 떠올랐습니다.

2위에서 1위로, 격차를 만든 요인들

2024년부터 SK하이닉스의 주가는 삼성전자를 앞지르는 강세 흐름을 보여주고 있습니다. 이는 단순한 단기 테마 수급이 아니라 실적과 산업 지형 변화가 맞물린 구조적 흐름입니다.

첫째, 공급 주도권입니다. SK하이닉스는 2024년 3월 말부터 HBM3E를 엔비디아에 독점적으로 공급하며 경쟁사보다 1년 이상 빠른 우위를 확보했습니다. 반면 삼성전자는 HBM3E 퀄 테스트 통과가 지연되면서 본격 납품이 늦어졌습니다. 이 기간 동안 AI 서버 투자 수요의 대부분이 SK하이닉스로 몰렸고, 이는 곧 주가와 실적으로 직결되었습니다.

둘째, 수익성 구조 개선입니다. HBM은 전통적인 D램보다 부가가치가 3~5배가량 높습니다. 공급자 수가 적고 고객사와의 전략적 파트너십이 중요하기 때문에 가격 협상력이 높습니다. SK하이닉스는 이 시장에서 사실상 '초기 과점자'로 자리매김하며, 글로벌 AI 투자 확대의 수혜를 집중적으로 누렸습니다.

셋째, 산업 내 위상 변화입니다. 과거 SK하이닉스는 D램 시장에서 점유율 2위에 머무르는 추격자에 가까웠지만, HBM 시장에서는 기술력과 생산 능력을 앞세워 선도 기업으로 올라섰습니다. 글로벌 메모리 시장에서 삼성전자가 처음으로 추격을 받는 상황이 만들어진 셈입니다.

○── HBM4 진입과 미래 전망

SK하이닉스는 이미 HBM4 개발을 완료하고, 2026년부터 본격 양산에 들어갈 계획을 세우고 있습니다. HBM4는 기존 제품 대비 대역폭과 용량, 전력 효율 모두에서 획기적인 개선이 이루어진 차세대 제품으로, 엔비디아뿐만 아니라 AMD·인텔 등 빅테크 기업들의 도입이 확대될 전망입니다.

HBM4 세대에서는 단순 납품이 아니라 공급망 협력 관계의 고도화가 이루어질 가능성이 큽니다. 엔비디아가 HBM3E에서 경험한 공급 부족 문제를 교훈 삼아 '안정적인 공급망 확보'를 최우선 과제로 삼고 있기 때문입니다. 이는 곧 SK하이닉스의 전략적 가치를 더욱 높이는 요인으로 작용할 수 있습니다.

더불어 SK하이닉스는 HBM 생산 라인을 중심으로 고부가가치 메모리 제품군을 확장하고 있으며, 미국과 한국, 중국에 걸친 글로벌 생산 네트워크를 최적화하고 있습니다. 이러한 전략은 단순히 HBM 시장 1위를 지키는 데 그치지 않고, AI 반도체 밸류체인*에서의 입지 강화로 이어질 가능성이 높습니다.

> **밸류체인(Value Chain)**
> 제품이 시장에 도달하기까지의 전 과정을 단계별로 연결한 가치 사슬을 의미함. 연구개발(R&D), 설계, 제조, 조립, 물류, 판매, 서비스 등 각 단계가 연속적으로 연결되어 기업의 경쟁력을 형성함. 반도체 산업에서는 소재-부품-장비-공정-패키징-테스트-세트(완제품)로 이어지는 구조를 가리킴

사이클 주도 기업으로의 전환

AI 슈퍼사이클 확산기~중반부는 이미 SK하이닉스의 무대였습니다. 삼성전자가 사이클 후반부에서 반격을 노리고 있다면, SK하이닉스는 초중반부에서 이미 시장을 주도하고 있는 상황입니다.

특히 2025~2026년은 HBM4 양산과 글로벌 데이터센터·AI 서버 투자 확산이 본격화되는 시기입니다. 이 구간에서 SK하이닉스는 HBM3E 수익성 확대와 HBM4 전환 효과를 동시에 누릴 가능성이 높습니다.

물론 사이클이 언제까지 확장될지는 공급 확장 속도에 따라 달라질 수 있습니다. 그러나 현재의 시장 주도권과 공급 안정성, 고객사 신뢰 관계를 고려하면 SK하이닉스는 향후 2~3년간 메모리 시장의 실질적 주도 기업으로 자리매김할 가능성이 높습니다.

SK하이닉스의 HBM 전략은 단순한 제품 경쟁이 아니라, 산업 지형을 바꾸는 '타이밍'과 '기술력'의 결합으로 평가할 수 있습니다. AI 인프라 수요가 폭발하는 시점에 가장 먼저 안정적 공급망을 확보했고, 경쟁사가 뒤따르는 구도를 만들어냈습니다.

앞으로 삼성전자가 반격에 나서겠지만, 적어도 HBM3E와 HBM4 세대에서는 SK하이닉스가 확실한 우위를 점하고 있다는 것이 시장의 평가입니다. 이는 곧 주가 흐름과 산업 내 위상 변화로 이어지고 있습니다.

지금의 SK하이닉스는 '2위 기업'이 아니라, AI 슈퍼사이클을 주도하는 1위 메모리 강자로 무게 중심을 옮겨가고 있습니다. 투자자 입장에서는 이 변화의 방향성을 면밀히 주시할 필요가 있습니다. 이제 시장은 단순히 실적을 확인하는 것이 아니라, SK하이닉스가 그리는 판도를 따라가고 있습니다. 산업의 심장이 움직이는 방향에 선 기업에게 가장 큰 보상이 돌아갑니다. 사이클의 가장 앞에서 길을 연 기업이, 사이클의 가장 높은 파동을 얻게 됩니다. SK하이닉스를 바라보는 시각은 과거와 완전히 달라져야 합니다.

빅2의 실적 및
재무 분석

2026년은 AI 인프라 확산과 메모리 수급 변곡점이 맞물린 분기점입니다. SK하이닉스는 사상 최대 실적이 예상되며, 삼성전자는 메모리·파운드리 동반 성장으로 사이클의 중심에 복귀할 전망입니다.

    2026년은 글로벌 반도체 시장, 특히 메모리 산업에 있어 사이클의 정점 혹은 분기점이 될 가능성이 높습니다. AI 인프라 투자가 본격적으로 실적에 반영되고, HBM·DDR5·NAND 등 주요 메모리 제품군의 공급·수요 균형이 변곡점을 맞이하는 시기이기 때문입니다. 이런 흐름 속에서 SK하이닉스와 삼성전자의 실적 전망은 시장의 최대 관심사로 떠오르고 있습니다.

    2024~2025년은 '수요 주도형' 장세였다면, 2026년은 공급 확장과 수요 강도가 맞붙는 해입니다. 하지만 현재까지의 컨센서스는 양사 모두 과거 슈퍼사이클을 능가하는 사상 최대 실적에 가까운 수준을 예상하고 있습니다.

○— SK하이닉스: HBM과 DDR5의 동반 질주

SK하이닉스는 2026년 실적 전망에서 가장 먼저 주목받고 있는 반도체 기업입니다. HBM 시장 1위 기업으로서 엔비디아, 마이크로소프트, 구글 등 글로벌 빅테크의 AI 인프라 수요 증가가 그대로 실적에 반영되고 있기 때문이죠.

현재 글로벌 투자은행과 증권사들의 공통된 전망은 명확합니다. 2027년 SK하이닉스의 실적은 HBM 비중이 전체 영업이익의 절반 이상으로 확대되며, 회사의 수익 구조가 기존 사이클과는 질적으로 달라질 것이란 겁니다.

- HBM 비중: 2025~2026년 37~43% → 2027년 50% 이상 전망
- D램 평균판매가격(ASP) 상승률: 2026년 기준 기존 12.6% 전망에서 19.2%로 상향
- 실적 추정치: 증권가 컨센서스* 기준 2026년 영업이익 사상 최대치 경신 가능성

> **컨센서스(Consensus)**
> 증권사 애널리스트들이 전망한 실적이나 목표주가 등의 평균치를 의미함. 주로 시장 참여자들이 예상하는 매출, 영업이익, 순이익, 주당순이익(EPS) 등의 전망치를 종합한 수치임

> **추가 업사이드 (Additional Upside)**
> 현재 주가나 실적 전망 대비 추가적인 상승 여력을 의미함. 일반적으로 목표주가나 향후 실적 개선 가능성이 아직 주가에 충분히 반영되지 않았을 때 주가가 추가 상승할 가능성이 있다는 뜻으로 "업사이드가 남아 있다"고 표현함

[자료 3-2] SK하이닉스 실적 전망

(단위: 십억 원, 원, 배, %)

		2024	2005E	2026F	2027F
매출액	수정 후	66,193	90,837	126,826	131,265
	수정 전	–	90,647	116,731	120,816
	변동률	–	0.2	8.6	8.6
영업이익	수정 후	23,467	39,989	62,672	65,766
	수정 전	–	38,971	51,979	54,741
	변동률	–	2.6	20.6	20.1
영업이익률(수정 후)		35.5	44.0	49.4	50.1
EBITDA		36,049	53,636	76,993	79,649
(지배지분)순이익		19,789	30,740	46,700	49,753
EPS	수정 후	27,172	42,226	64,148	68,342
	수정 전	–	41.079	52,914	56,502
	변동률	–	2.8	21.2	21.0
PER		6.4	9.4	6.2	5.8
PBR		1.7	2.8	1.9	1.5
EV/EBITDA		3.8	5.1	3.2	2.5
ROE		31.1	34.5	36.8	28.7

주: EPS, PER, PBR, ROE는 지배지분 기준 　　　출처: NH투자증권 리서치본부 전망

특히 D램 가격이 당초 예상보다 빠르게 오르고 있고, HBM 계약 역시 고객사 다변화와 스펙 상향 조정으로 추가 업사이드*가 열려 있습니다. 공급은 제한적인 반면 수요는 폭발적으로 늘어나고 있어,

2026년까지 공급자 우위 구도가 유지될 가능성이 높습니다.

SK하이닉스는 이 흐름의 가장 정중앙에 위치한 기업입니다. 과거처럼 '가격 사이클에 수동적으로 올라타는 기업'이 아니라, 시장을 움직이는 주도주로 포지셔닝되었다는 점이 과거 사이클과의 가장 큰 차이입니다.

○── 삼성전자: 사이클의 무대 중심으로 복귀

반도체 슈퍼사이클의 무대에서 삼성전자는 언제나 중요한 역할을 해왔습니다. 과거에는 사이클의 파도에 올라타 수익을 극대화하는 기업이었다면, 이번 사이클에서는 그 역할이 달라지고 있습니다. 메모리와 파운드리를 동시에 강화하며, 수동적 수혜자가 아닌 능동적 주도권 확보에 나서고 있는 것입니다.

삼성전자의 2026년 실적 컨센서스는 이를 잘 보여줍니다. 이는 2018년 최대 영업이익인 58조 원을 넘어설 수 있는 수준입니다.

- 삼성전자 2026년 연간 실적 컨센서스(증권사 전망치 평균):
  매출 384조 원, 영업이익 80조 원

이번 사이클에서 특히 주목할 점은 실적의 '구조'입니다. 삼성전자는 6세대 HBM(HBM4) 양산을 시작으로 메모리 부문에서 다시 SK하이닉스를 추격하고 있으며, 동시에 테슬라·애플·IBM 등 글로벌

[자료 3-3] 삼성전자 실적 변경 내용

(단위: 십억 원)

	2025년 3분기 실적			2025년 연간 실적		
	신규 추정치	이전 추정지	차이	신규 추정치	이전 추정지	변화폭
DS	33,613	33,613	-	126,844	124,961	1.5%
Display	7,840	7,840	-	27,828	27,828	-
MX/네트워크	34,319	34,319	-	129,542	129,542	-
VD/가전	13,521	13,521	-	56,638	56,638	-
HAR	4,009	4,009	-	15,445	15,445	-
매출액	86,040	86,040	-	328,114	326,231	0.6%
DS	7,004	7,004	-	20,637	18,553	11.2%
Display	1,154	1,154	-	3,113	3,113	-
MX/네트워크	3,336	3,336	-	13,383	13,383	-
VD/가전	204	204	-	1,067	1,067	-
HAR	400	400	-	1,560	1,560	-
영업이익	12,126	12,126	-	39,794	37,710	5.5%

출처: IBK투자증권

기업들의 파운드리 수주 확대에 성공하고 있습니다.

특히 2025년 하반기 이후 잇따른 대형 수주 계약과 오픈AI의 '스타게이트 프로젝트' 참여 가능성은 실적 업사이드 요인으로 꼽힙니다. 또한 엑시노스 2600의 양산이 본격화되면 시스템 반도체 부문에서도 유의미한 성과가 기대됩니다. 이는 단순 메모리 의존도를 낮추는 동시에 이익 체질 개선으로 이어질 가능성이 큽니다.

○── 사이클의 중심에 선 '빅2'

2026년 반도체 시장은 단순한 경기 회복이 아니라 글로벌 공급망 재편과 산업 구조 변화가 맞물린 시기가 될 것입니다. 그리고 그 중심에는 한국의 빅2, 삼성전자와 SK하이닉스가 있습니다. 특히 2026년은 단순한 실적 피크 구간이 아니라, 산업의 주도권이 어느 기업으로 넘어갈지를 가늠하는 분수령이 될 가능성이 높습니다. 투자자라면 매출과 이익 같은 숫자에만 집중하기보다는, 기업 전략의 방향성과 실행력을 함께 살펴볼 필요가 있습니다.

두 기업 모두 AI 서버용 메모리 수요 확대와 함께 차세대 공정 전환 속도를 높이고 있으며, 삼성전자는 2나노 GAA 공정과 유리 기판 패키징 기술로 미세공정 한계를 넘어서려 하고 있습니다. SK하이닉스는 HBM4 개발과 TSMC·엔비디아와의 협업을 통해 프리미엄 메모리 시장에서 우위를 강화하고 있습니다. 2026년은 이처럼 기술 경쟁과 공급망 재편이 동시에 전개되는 시기로, 단순한 업황 반등이 아닌 패러다임 전환의 원년이 될 가능성이 높습니다.

빅2 투자 시
이것만은 놓치지 마라

········ ─────────── ········

> 삼성전자는 AI 사이클 후반부의 주도 랠리를 준비 중인 저평가 구간에 있습니다. 반면 SK하이닉스는 HBM 성장성이 견고하지만, 단기적으로는 가격 반영이 앞선 구간이므로 신중한 접근이 필요합니다.

반도체 투톱 대장주들이 앞다퉈 신고가 랠리를 보여주다 보니 투자자들 사이에서는 두 가지 고민이 자주 오갑니다. "삼성전자에 지금 몰빵해도 될까?" "SK하이닉스는 지금이 고점이지 않을까?" 이 두 질문은 곧 현재 시장이 처한 상황과 향후 전략 포지셔닝의 고민을 압축적으로 보여주는 단면이기도 합니다.

AI 슈퍼사이클이라는 거대한 흐름 속에서 두 기업이 각기 다른 방식으로 성장축을 형성하고 있기 때문에, 단순히 주가 수준만으로 접근하기보다 산업 구조와 기술 주도권의 변화를 함께 읽어야 하는 시점입니다. 삼성전자는 파운드리와 시스템 반도체 중심의 구조적 도약을 노리고 있으며, SK하이닉스는 HBM을 필두로 한 메모리 혁신으로 시장의 중심을 재편하고 있습니다. 결국 두 기업의 경쟁은 단순한 '시가총액 싸움'이 아니라 'AI 시대의 핵심 인프라를 누가 더 깊이 장악하느냐의 싸움'으로 진화하고 있습니다.

○── 삼성전자, '끝'이 아닌 '새로운 시작점'

삼성전자는 2025년 상반기까지만 해도 SK하이닉스에 비해 주가 흐름이 상대적으로 부진했습니다. 그 배경에는 파운드리 사업의 수익성 둔화와 HBM 경쟁력 이슈가 자리하고 있었죠. 반면 SK하이닉스는 AI 반도체의 핵심인 HBM 시장에서 일찌감치 우위를 점하며 주가를 빠르게 끌어올렸습니다.

이로 인해 삼성전자는 AI 수혜주임에도 불구하고 시장에서 다소 소외된 상태에 머물렀습니다. 그러나 반도체 사이클에서는 언제나 선도주와 후발주 간 주도권이 교차하는 흐름이 존재합니다. 상대적 저평가 구간이 오히려 다음 주도주의 발판이 되는 경우는 과거 반도체 사이클에서도 반복되어온 패턴입니다.

최근 삼성전자는 테슬라·애플 파운드리 수주, HBM4 양산 가시화 등 굵직한 호재가 이어지고 있지만, 주가에는 아직 충분히 반영되지 않은 상황입니다. 과거 사이클에서도 주가는 후반 랠리 구간에서 가파르게 움직였고, 그 시점은 실적 개선이 본격화되는 시기와 맞물려 있었습니다. 지금의 정체 구간이 향후 상승 전환의 전조가 될 수 있다는 해석이 나오는 이유입니다.

그렇다고 기대감만으로 모든 자금을 한 번에 실어버리는 전략은 위험할 수 있습니다. 삼성전자에 '몰빵'하는 방식은 단기 수익률을 극대화할 수는 있지만, 사이클 산업 특성상 리스크 역시 함께 커집니다. 특히 메모리 반도체는 수요 둔화나 경쟁 구도 변화에 따라 주가 변동성이 확대되는 구간이 주기적으로 나타나기 때문이죠.

반대로 전략적 비중 조절을 통해 SK하이닉스의 선행 랠리와 삼성전자의 후행 랠리를 시차를 두고 활용하는 접근법도 가능합니다. 삼성전자는 설비 투자 규모와 글로벌 네트워크, 시장 지배력이 크기 때문에 초반의 민첩함보다는 후반부 스케일 효과가 부각되는 경우가 많았습니다.

삼성전자는 이번 사이클에서도 빠르게 치고 나가는 기업은 아니지만, 결코 가볍게 움직일 기업도 아닙니다. SK하이닉스와 달리 아직 본격적인 랠리를 시작하지 않았다는 점은, 전략적 관점에서 보면 리스크보다 기회 요인이 더 크다는 의미일 수 있습니다.

○── 고점 논란 속 여전한 SK하이닉스의 성장성

SK하이닉스에 대한 고점 논란은 본질적으로 기업의 성장성보다는 주가가 반영된 속도에 대한 문제입니다. 2024년 이후 HBM3E 독점 공급, 글로벌 AI 서버 수요 폭발이라는 스토리가 빠르게 주가에 녹아들었고, 이로 인해 앞으로의 모멘텀보다 이미 반영된 기대감이 주가를 더 지배하고 있는 상황입니다.

2024~2025년의 주가가 기대감에 의해 이끌렸다면, 2026년은 실

적이 주가를 설명하는 구간이 될 가능성이 큽니다. 단기적으로는 HBM4 양산 진입, 공급 확대, 고객 다변화 등이 이어지겠지만, 주가는 일정 부분 실적 현실화 속도와 맞물려 움직이는 국면으로 들어갈 수 있습니다. 즉 투자자 입장에선 '고점이냐 아니냐'보다는 '지금의 가격이 앞으로의 실적 성장 속도에 정당화될 수 있는가'를 판단해야 합니다.

SK하이닉스는 삼성전자와 달리 이미 사이클 초중반의 랠리를 선도한 기업이기도 합니다. 후발 랠리 기대감이 있는 삼성전자와 달리, SK하이닉스는 이미 상당 부분이 가격에 반영된 상태입니다. 이 때문에 공격적 비중 확대는 리스크가 커질 수밖에 없습니다.

특히 반도체 사이클에서 주도주가 조정을 받는 국면은 실적이 나빠져서가 아니라 좋은 실적이 당연해진 시점에서 오는 경우가 많습니다. 지금의 SK하이닉스가 바로 그 구간에 근접해 있다는 점을 간과해선 안 됩니다. 따라서 SK하이닉스에 대해서는 공격적 진입보다는 보수적 접근이 합리적입니다.

여기서 말하는 보수적 접근이란 단순히 투자 비중을 줄이라는 뜻이 아니라, 추가 진입 시점을 보다 정교하게 설정하고, 실적 가시성이 강화되는 시점에 리스크 대비 효율적인 진입 전략을 세운다는 의미입니다. 이미 오를 만큼 오른 주도주에 뒤늦게 올라타는 전략은 사이클 산업에서 성공 확률이 낮습니다.

다만 주가와 별개로 기업의 성장성 자체가 꺾였다고 보긴 어렵습니다. HBM 시장 점유율, AI 반도체 공급망 핵심 포지션, 기술 경쟁력 모두 견고한 상태입니다. 엔비디아와의 협력 관계도 여전히 전략적 자산으로 작용하고 있습니다. 그렇기에 공격적 투자자라면 큰 비중의 신규 진입보다는 단기 모멘텀 구간에서 이익 실현 전략이 유리할 수 있고, 보수적 투자자라면 실적 가시성이 뚜렷해지는 시기의 조정 구간에서 진입하는 전략이 합리적입니다.

이미 삼성전자보다 한발 앞서 랠리를 펼친 SK하이닉스는 투자 타이밍이 훨씬 중요해지는 국면에 들어서고 있습니다. 주가의 고점 여부보다 상승 속도와 타이밍을 냉정하게 해석하는 능력이 수익률을 결정짓는 핵심 요소가 될 것입니다.

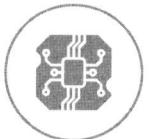

Semiconductor Investment strategy map

CHAPTER 4

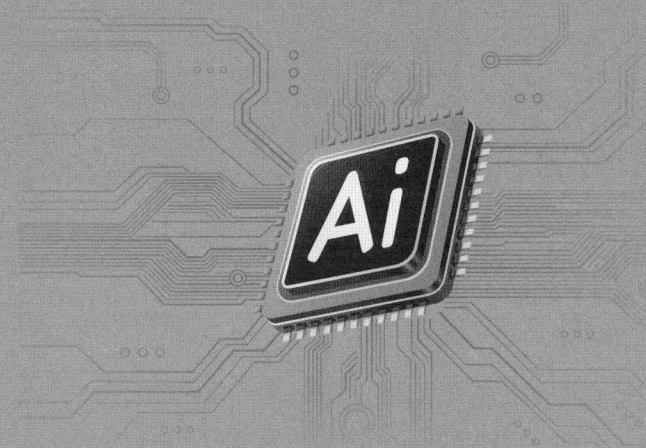

HBM과 차세대 메모리 기술, 알고 보면 쉽다

'AI 메모리 혁명'은 HBM이 바꾼 산업의 질서

———

AI 시대의 반도체는 단순한 연산 장치가 아닙니다. 이제 데이터의 흐름, 속도, 그리고 그 연결성을 결정하는 것은 '메모리'입니다. CPU가 PC 시대를 지배했고, AP가 스마트폰 시대를 지배했다면, AI 시대의 주인공은 HBM(High Bandwidth Memory)입니다. GPU의 연산 속도를 실질적으로 해방시킨 이 기술은, 인공지능의 두뇌가 작동하기 위한 필수 인프라로 자리 잡았습니다.

HBM의 등장은 산업 패러다임의 전환을 의미합니다. 더 이상 반도체는 트랜지스터의 미세화 경쟁으로만 진화하지 않습니다. 이제는 GPU와 메모리가 하나의 유기적 시스템으로 결합되며, '연산 속도'보다 '데이터 공급 속도'가 성능을 좌우하는 시대로 넘어왔습니다. AI가 폭발적으로 성장할수록, 데이터를 제때 공급하는 메모리의 중요성은 더욱 커집니다. 이 흐름의 중심에서 HBM은 AI 인프라의 병목을 해소한 유일한 솔루션으로 부상했습니다.

2025년 이후, 반도체 시장의 주도권은 HBM3E에서 HBM4로 이동하고 있습니다. 기술적 세대교체는 단순한 제품 변화가 아니라 산업 질서의 재편을 의미합니다. 삼성전자·SK하이닉스·마이크론 세 기업은 각자의 방식으로 차세대 메모리 경쟁에 뛰어들었고, 이 경쟁이 곧 AI 시대의 기술 패권 구도가 될 것입니다. 특히 한국 기업들이 이 시장의 표준을 주도하고 있다는 사실은, 앞으로의 글로벌 반도체 전쟁에서 한국이 어떤 전략적 위치에 서 있는지를 보여줍니다.

4장에서는 HBM의 구조와 작동 원리, 그리고 차세대 메모리 경쟁이 산업 전반에 어떤 변화를 일으키는지를 분석합니다. HBM을 이해하는 것은 단순한 기술 공부를 넘어, AI 경제의 심장 박동을 읽는 일입니다. 반도체의 중심축이 어디로 이동하고 있는지를 꿰뚫을 때, 우리는 산업의 미래와 투자 방향을 동시에 예측할 수 있을 것입니다.

HBM은 무엇이며,
AI 혁명기에 왜 필수인가?

연산보다 '전달'이 중요한 시대를 맞아 HBM은 AI 시대의 핵심 메모리이자 산업 패권의 열쇠입니다. AI 연산의 속도를 결정짓는 것은 이제 GPU가 아니라, 그 옆에서 데이터를 공급하는 HBM입니다.

    AI 시대의 패러다임 전환은 단순한 기술 트렌드 변화가 아닙니다. 산업의 주도권이 재배치되는 구조적 변화이며, 그 중심에 HBM(High Bandwidth Memory)이 있습니다. 뉴스·리포트에 매일 등장하는 단어지만, 왜 AI 시대에 갑자기 모든 시선이 HBM으로 모이기 시작했는지 명확하게 이해하는 사람은 많지 않습니다. 특히 AI 서버, 그중에서도 엔비디아 GPU가 글로벌 표준으로 자리 잡은 지금, HBM이 왜 '선택'이 아닌 '필수'가 되었는지 짚어볼 필요가 있습니다.

    HBM은 단순히 메모리의 한 종류가 아니라, AI 산업의 속도를 결정하는 병목 지점을 해소한 기술입니다. AI 모델이 커질수록 GPU의 연산 성능보다 데이터를 제때 공급받는 능력이 더 중요해지는데, HBM은 이 문제를 근본적으로 해결했습니다. 수십 개의 데이터 통로를 병렬로 열어 GPU가 요구하는 정보를 즉시 전달함으로써 연산 효율을 극대화하는 구조를 만든 것입니다. 결국 AI 경쟁의 본질은 연산 능력이 아니라 데이터 전송 효율, 그리고 그 중심에 있는 HBM 의 기술력입니다.

AI 속도를 좌우하는 메모리, HBM

HBM은 풀어서 '고대역폭 메모리'입니다. 대역폭이 넓다는 뜻은 동일 시간 안에 GPU에게 전달할 수 있는 데이터량이 압도적으로 많다는 의미입니다. 기존 DRAM이 데이터가 하나의 통로를 통해 차례대로 이동하는 방식이라면, HBM은 여러 층을 3D로 적층하고 수십~수백 개의 병렬 통로를 동시에 열어놓는 방식입니다. 한 줄 통과가 아니라, 고속도로 수십 차선을 동시에 여는 구조라고 이해하면 쉽습니다.

AI 산업은 연산량이 기하급수적으로 증가하는 흐름입니다. 하지만 GPU의 연산 속도가 아무리 높아도, 데이터를 제때 공급받지 못하면 성능은 그 순간 멈춰버립니다. 이 때문에 엔비디아를 비롯한 AI 서버 업체들은 GPU 옆에 HBM을 직접 붙이는 구조로 시스템을 재설계한 것입니다. 이제 AI 인프라의 성능 기준은 GPU 자체의 연산 능력뿐 아니라 그 GPU에 데이터를 빠르게 공급하는 HBM의 대역폭까지 포함한 '전체 조합'에서 결정됩니다.

[자료 4-1] HBM(고대역폭메모리) 구조

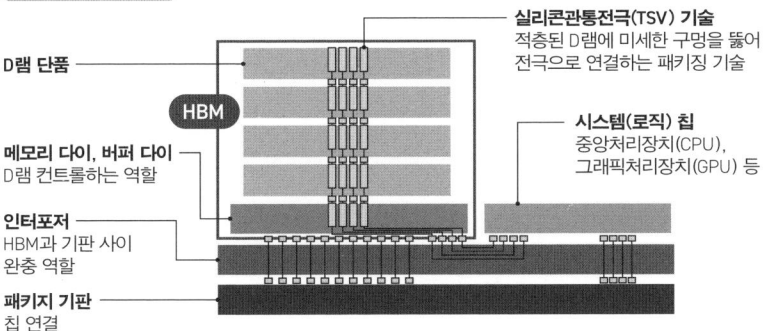

출처: 업계 종합

챗GPT 등 초거대 AI 모델은 기존 데이터센터보다 100배 이상 더 많은 데이터를 반복적으로 처리합니다. 학습 단계뿐 아니라 서비스 단계에서도 사용자 요청 단위마다 실시간 대규모 데이터 접근이 필요합니다. 기존 DRAM만으로는 이 속도를 지탱하기 어려운 상황이 되면서, 자연스럽게 HBM에 대한 수요가 폭발적으로 증가하기 시작했습니다.

특히 AI 투자 확대는 GPU 판매 증가와 직결되고, GPU 한 대당 필요한 HBM은 고정적으로 묶여 있습니다. 즉 GPU가 팔릴수록 HBM도 함께 팔리는 연동 구조가 만들어진 것이죠. 이 조합 자체가 AI 인프라의 핵심 수요 단위로 고착화된 것입니다.

또한 AI 경쟁은 이제 기업 간 제품 경쟁을 넘어 국가 경쟁력의 영역으로 옮겨가고 있습니다. 글로벌 기업들의 설비투자 방향 역시 고성능 AI 서버 중심으로 재편되고 있고, 그 중심축이 바로 'GPU + HBM 구조'입니다. 2024~2025년 시장에서 HBM이 반도체 업종 내 주도 섹터가 된 이유도 바로 이 흐름에서 비롯됩니다.

○── 엔비디아가 HBM을 선택할 수밖에 없었던 이유

엔비디아가 HBM을 본격적으로 적용하기 시작한 시점은 2016년 P100 GPU부터입니다. AI 모델 규모가 커지기 시작하는 시기였고, 기존 방식의 DRAM으로는 GPU의 연산 속도를 뒷받침하지 못하는 데이터 공급 지연이 점점 심화되었습니다. 단순히 GPU 성능을 올리는 방식만으로는 더 이상 전체 시스템 성능이 올라가지 않는 구간에 진입한 것입니다.

HBM은 이런 한계를 근본적으로 해소한 메모리였습니다. 수직 적층 구조*를 활용해 병렬 데이터 접근량을 극대화하면서, GPU가 요구하는 속도를 실질적으로 맞춰줄 수 있는 유일한 메모리 플랫폼이었기 때문입니다. 이때부터 엔비디아는 V100, A100, H100에 이르기까지 AI GPU 라인업의 핵심 메모리를 HBM 중심 체제로 전환했고, 이 선택이 오늘의 GPU 독주체제를 만들어 낸 기반이 되었습니다.

> **수직 적층 구조**
> **(Vertical Stacking)**
>
> 여러 개의 메모리 칩을 위로 쌓아 하나의 패키지로 묶는 기술임. 같은 면적 안에서 데이터 처리 용량과 속도를 극대화할 수 있어 HBM의 핵심 구조로 꼽히는데, 특히 AI 연산이 폭증하는 시대에 이 수직 적층 기술은 '공간의 효율을 성능으로 바꾸는 기술'로 평가받음

HBM 시장에서 SK하이닉스가 사실상 가장 먼저 주도권을 쥔 것도 이 지점 때문입니다. 엔비디아 입장에서는 GPU 성능을 지연 없이 뽑아낼 수 있는 고성능 메모리가 절대적으로 필요한데, SK하이닉스는 HBM3 세대 제품에서 업계 최고 수준의 수율·품질·열 특성을 확보하며 엔비디아의 요구 스펙에 가장 먼저 부합하는 기업이 되었습니다. 단순히 공급 물량만이 아니라 AI 모델의 성능이 실제 서비스 단계에서 유지될 수 있는 품질과 안정성 측면에서 SK하이닉스의 메모리는 신뢰도가 매우 높게 평가받고 있습니다.

또한 엔비디아는 GPU 제품 개발 과정에서 고객 특화 스펙을 반영하는데, SK하이닉스는 이런 협업 방식에 매우 빠르게 적응했고, 제품 로드맵 설계 단계부터 엔비디아와 긴밀하게 호흡하는 구조를 구축한 기업이기도 합니다. 이 때문에 엔비디아의 차세대 HBM 도입 과정에서 SK하이닉스가 가장 먼저 핵심 파트너로 자리매김하게 되었고, 그 영향력은 HBM3E 세대에서 더욱 공고해졌습니다. 이러한 배경이 SK하이닉스를 현재 AI 반도체 슈퍼사이클의 가장 대표적인 수혜 기업으로 만들고 있습니다.

왜 지금 HBM을 공부해야 하는가?

HBM은 단순한 기술 트렌드가 아니라 AI 시대의 본질적인 경쟁력입니다. CPU가 PC 시대를 지배했고, AP가 스마트폰 시대를 지배했다면, AI 시대를 지배하는 것은 'HBM을 누가 얼마나 안정적으로 공급하느냐'입니다. AI 반도체를 제대로 이해하고 투자 흐름을 바라보려면, HBM이라는 기술적 본질을 이해하는 것이 반드시 필요합니다. HBM을 이해하는 순간, AI 산업의 다음 방향이 보다 명확하게 보일 것입니다.

  지금 이 시점에서 반도체 투자자가 HBM을 공부해야 하는 이유는 명확합니다. AI 시장의 성장세는 이미 GPU 중심의 경쟁을 넘어, GPU와 HBM이 결합된 시스템 경쟁으로 옮겨가고 있기 때문입니다. 앞으로의 산업 가치는 칩 한 개의 성능이 아니라, 데이터 처리 속도와 에너지 효율을 함께 구현할 수 있는 구조적 역량에서 결정됩니다. 따라서 HBM은 기술적 선택이 아니라 생태계의 중심축이며, 이를 이해하는 투자자만이 AI 반도체 패권의 다음 방향을 선명히 읽을 수 있을 것입니다.

HBM4 경쟁 구도,
SK하이닉스·삼성전자·마이크론

HBM4의 등장은 AI 반도체 산업의 질서를 다시 짜는 출발점입니다. 이제 경쟁의 무게중심은 단순한 용량이 아니라 '적층·전송·열 제어를 동시에 구현할 수 있는 종합 기술력'으로 이동했습니다.

AI 반도체 산업은 지금 새로운 전환점으로 진입하고 있습니다. HBM3E가 2025년 반도체 시장의 주도권을 장악했다면, 이후 시장은 자연스럽게 HBM4 중심으로 이동하게 됩니다. 이는 단순한 제품 세대 변경이 아니라 향후 AI 인프라 구조와 기업별 경쟁력이 다시 재배치되는 단계로 볼 수 있습니다. 특히 엔비디아가 추진하는 차세대 AI 가속기* 루빈과 함께 HBM4는 본격적인 도입 구간을 열게 되고, 이는 향후 AI 반도체 시장 주도권을 결정할 주요 분기점이 될 가능성이 큽니다.

> **AI 가속기**(AI Accelerator)
>
> 인공지능 연산을 빠르게 처리하기 위해 설계된 특수 반도체 장치. 대량의 행렬 계산과 병렬 연산을 효율적으로 수행해 딥러닝 모델의 학습과 추론 속도를 극대화하며, AI 서버의 핵심 두뇌 역할을 담당함

HBM4 시대의 개막은 단순한 기술 진보가 아니라 산업 패러다임의 전환 신호입니다. 이제 반도체의 경쟁력은 '누가 더 미세한 공정을 구현하느냐'가 아니라 '누가 더 빠르고 효율적으로 데이터를 처리하느냐'로 이동했습니다. HBM4는 이 질문에 대한 답으로 등장했습니다.

AI 연산의 속도가 기하급수적으로 늘어나는 상황에서, GPU의 성능을 온전히 발휘하게 만드는 것은 결국 메모리의 대역폭과 안정성입니다. 따라서 HBM4는 향후 AI 반도체 산업의 기술 방향뿐 아니라, 글로벌 기업 간 시장 지형을 재편할 기준점이 될 것입니다. 결국 HBM4를 선점하는 기업이야말로, AI 시대에 가장 앞서서 데이터를 움직이고 시장의 속도를 결정짓는 '새로운 질서의 설계자'가 될 것입니다.

HBM4 시대, 무엇이 달라지는가?

2025년 4월 국제반도체표준협의기구(JEDEC)에서 HBM4의 국제표준을 발표했습니다. 이 소식은 단순히 새로운 차세대 메모리 시장이 열린다는 것을 넘어 앞으로 글로벌 반도체 산업의 경쟁 기준이 다시 설정되었다는 것을 의미합니다. 이제부터 AI 반도체 산업은 HBM4라는 새로운 기준 속에서 경쟁하게 된다는 뜻이기도 합니다.

HBM4는 이전 세대보다 한 단계 더 높은 난도를 요구합니다. 기술 간극이 더 크게 벌어지고, 진입장벽이 더 올라가는 구간입니다.

표준이 제정되었다는 것은 산업의 기준점이 생겼다는 말과 같습니다. 기업마다 각자 방식으로 개발하던 영역에서 이제는 동일한 '룰'로 비교됩니다. 그리고 그 룰을 누가 더 완성도 있게 구현하고 양산성으로 이어가느냐가 기업 가치의 핵심이 됩니다.

아직 HBM4는 초기 단계이지만, 산업의 방향성은 명확합니다. 단순 용량 경쟁에서 끝나지 않습니다. 이제는 적층 단수의 증가, 데이터 전송통로인 TSV 인터페이스* 숫자 확대, 하이브리드 본딩* 전환, 베이스다이*의 연산기능 고도화가 모두 포함된 구조 경쟁으로 넘어갑니다. 즉 메모리 설계·적층·패키징 모든 공정이 동시에 난도가 상향되는 체제 전환입니다.

HBM은 칩을 위로 쌓아서 용량과 대역폭을 늘리는 방식으로 발전해왔습니다. HBM4 세대에서는 단수 증가(12단 → 16단), TSV 인터페이스 증가(1,024개 → 2,048개) 등이 제기되고 있습니다. 이것은 결국 같은 면적 안에서 처리 가능한 데이터 양이 기하급수적으로 증가한다는 뜻이며, 이는 AI 서버

TSV 인터페이스
(Through-Silicon Via Interface)

반도체 칩을 수직으로 관통하는 미세 전극(비아)을 통해 상하 칩을 전기적으로 연결하는 기술임. HBM처럼 적층된 칩 간 데이터를 초고속으로 전달해 신호 병목을 최소화하고, 고대역폭·저전력 동작을 구현함

하이브리드 본딩
(Hybrid Bonding)

반도체 칩을 접착제 없이 구리-구리(Cu-Cu)로 직접 연결하는 첨단 적층 기술임. 마이크로범프 대비 전기 저항과 신호 지연을 줄여 고속·고밀도 전송을 구현하는 HBM4 핵심 공정임

베이스다이(Base Die)

HBM 구조의 가장 아래층에 위치해 상단 메모리와 GPU 간 데이터를 중계하는 반도체 칩임. 신호 제어·전력 분배·입출력 관리를 담당하며, 최근에는 일부 연산 기능까지 포함하는 지능형 구조로 발전함

[자료 4-2] 기존 HBM 구조 vs. HBM4 구조

■ 기존 HBM 구조
GPU와 HBM을 수평으로 쌓는 패키징 기법
※ GPU: 그래픽처리장치, HBM: 고대역폭메모리

■ HBM4 구조
GPU와 HBM을 수직으로 쌓는 패키징 기법

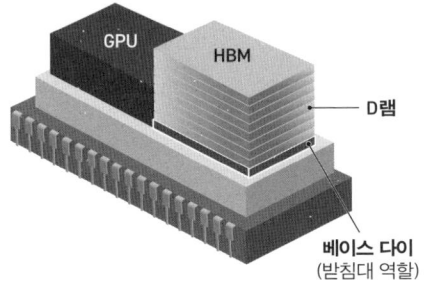

※ **베이스 다이(Base Die)**: 고대역폭메모리(HBM) 반도체에서 1층 받침대 역할을 하는 핵심 부품. 6세대 HBM4부터는 HBM이 수직으로 올라가는 패키징 기법이 도입된다.

출처: 업계 종합

성능 향상과 직결됩니다.

HBM4 시장은 누가 더 높은 단수와 더 높은 연결성을 안정적으로 구현하고, 양산 수율로 뽑아낼 수 있는가의 싸움입니다. 그 싸움에서 우위에 서는 기업이 AI 시대의 고부가가치 메모리 시장을 장악하게 될 것입니다.

SK하이닉스: HBM4 시대의 선구자이자 최강자

SK하이닉스는 HBM4 개발을 가장 먼저 완성하고, 실제 양산 체제까지 공식적으로 갖춘 기업입니다. 단순히 기술 시연으로 끝난 것이 아니라 고객사 공급이 가능한 상태까지 진입했다는 점에서 경쟁

사들보다 확실히 빠른 출발선을 확보한 셈입니다.

SK하이닉스의 HBM4는 기존 대비 데이터 전송 통로(I/O) 수를 2배 가까이 늘리며 대역폭을 크게 확대했고, 전력 효율 역시 큰 폭으로 개선했습니다. AI 서버가 처리해야 할 연산량이 기하급수적으로 늘어나는 환경에서, 메모리 병목을 해소하고 AI 서비스 성능 자체를 끌어올릴 수 있는 구조가 만들어진 것입니다. 또한 SK하이닉스는 고적층 환경에서 발생하는 열·변형·압력 문제를 해결하기 위한 자체 공정 기술을 적용해 고단 적층에서도 안정적인 생산이 가능한 기반을 마련했습니다.

여기에 SK하이닉스는 HBM4 16단뿐 아니라 향후 HBM4E의 8·12·16단 제품까지 함께 개발 로드맵을 공개하며 다음 단계까지 선제적으로 준비하고 있습니다. '기술 선점 → 제품 확장 → 양산 체제'라는 세 개의 축을 동시에 확보한 점이 SK하이닉스를 HBM4 시대의 가장 앞선 스타팅 포인트에 올라선 회사로 만들었습니다.

─── 삼성전자: 엔비디아 공급망 복귀 및 HBM4 반격

삼성전자는 HBM4 개발 완료와 고객사 샘플 출하를 공식화하며 본격적인 반격에 나섰습니다. HBM3E에서 엔비디아 품질 인증 지연으로 어려움을 겪었지만, HBM4에서는 상황이 달라지고 있습니다. 엔비디아향 HBM4 공급 가능성이 현실화된 데다, 엔비디아와 함께 AI 기반 반도체 제조 혁신 플랫폼인 'AI 팩토리'를 구축하며 협력의 범위를 메모리 공급을 넘어 제조·공정·운영 시스템까지 확대하고 있습니다.

삼성전자는 HBM4에서 한 단계 더 높은 미세 공정을 적용함으로써 성능과 전력의 효율을 동시에 개선했습니다. 고객사 요구 수준인 초당 11Gbps 속도 구현에 성공했고, HBM4 로직 다이 제작에는 자사 4나노 파운드리 기술을 적용해 전력 효율과 수율 개선을 노리고 있습니다. 삼성전자는 HBM4 샘플을 요청한 모든 고객사에게 이미 출하를 완료했으며, 2026년부터 본격 양산에 들어갈 계획입니다.

또한 삼성전자는 HBM 생산능력을 공격적으로 확대하고 있습니다. 평택 4공장을 HBM 전용 라인 중심으로 전환하고, 2026년 상반기부터 월 수만 장 단위의 신규 생산능력을 확보할 예정입니다. 미국 텍사스 테일러 공장에 AI 팩토리를 확대하는 계획도 내놓고 있으며, 이는 삼성전자가 단순 메모리 공급 기업이 아니라 AI 제조 인프라까지 확장하는 전략을 취하고 있음을 보여줍니다.

AI 수요 확대 속에서 엔비디아 공급망 재진입은 삼성전자의 HBM 경쟁력 회복뿐만 아니라 HBM4에서 본격적인 점유율 상승 여력을 확보했다는 의미로도 해석됩니다. HBM4 시대에서 삼성전자는 더 이상 추격자가 아니라 다시 시장 판을 주도권 측면에서 뒤집어낼 기회로 보고 있습니다.

○— 마이크론: HBM4 판 자체를 다르게 보는 플레이어

　HBM4 시대에서 마이크론은 단순히 뒤따라가는 회사로만 볼 수 없습니다. 그동안 HBM 시장에서는 삼성전자와 SK하이닉스가 주도권을 쥐어왔고, 마이크론은 상대적으로 존재감이 약했던 것이 사실입니다. 하지만 HBM4 세대에서는 상황이 이전과 다르게 흘러갈 가능성이 있습니다.

　마이크론은 HBM4에서 사양 측면에서 의미 있는 성과를 제시하며 기술적 자신감을 드러내고 있습니다. 일부 고객사에 HBM4 샘플을 선제적으로 공급했고, 대역폭과 속도 측면에서 경쟁사 대비 우위를 평가받는 요소들도 존재합니다. 특히 미국 빅테크 고객사와의 공급 네트워크는 마이크론에게 중요한 무기가 될 수 있습니다. HBM 수요가 엔비디아 단일 고객군의 영향력을 넘어 AI 기업들, 클라우드 사업자 전반으로 확장되는 구간에서는 미국 시장 고객 밀착도가 큰 의미를 가져올 수 있기 때문입니다.

　물론 마이크론의 가장 큰 변수는 양산 안정화와 생산 능력 확대 속도입니다. 기술 사양이 아무리 뛰어나도 실제 양산 규모와 수율이 뒷받침되지 않으면 시장 점유율 개선은 제한될 수밖에 없습니다. HBM4는 단순히 공정 한 세대가 바뀌는 수준이 아니라 '적층 구조, 패키징 난도, AI 연산 병목 제거' 등을 동시에 해결해야 하는 세대이기 때문에 생산 안정화는 마이크론에게 반드시 넘어야 하는 관문입니다.

그럼에도 불구하고 HBM4 시점은 마이크론에게 새로운 기회가 될 수 있습니다. 기술 측면에서 의미 있는 성과가 나오고 있고, 고객 다변화도 가능하며, AI 서버 수요 확대는 지속되고 있기 때문입니다. '후발주자'라는 꼬리표가 HBM4에서는 더 이상 절대적인 평가 기준이 되지 않는 상황입니다. HBM4는 마이크론에게 단순한 참여가 아니라 진짜 존재감을 증명할 수 있는 시험대이자 확장 기회의 구간입니다.

○── HBM4, AI 반도체 경쟁의 새로운 서막

HBM4의 등장은 단순히 메모리 세대 교체가 아니라 AI 반도체 시장의 판을 새로 짜는 신호입니다. SK하이닉스·삼성전자·마이크론 세 기업의 경쟁은 이제 속도나 용량의 문제가 아니라 'AI 산업 전체의 생태계를 누가 선도할 수 있는가'의 싸움으로 옮겨가고 있습니다. 반도체의 가치가 '데이터를 얼마나 효율적으로 처리하느냐'로 정의되는 시대에서, HBM4는 기술력의 최전선이자 국가 산업 경쟁력의 바로미터가 되었습니다.

HBM4 경쟁 구도는 결국 '기술력·공급망·고객 네트워크'라는 세 축으로 귀결될 것입니다. 기술적 완성도를 확보한 SK하이닉스, 양산 능력과 글로벌 인프라를 갖춘 삼성전자, 그리고 미국 빅테크와의 긴밀한 연계를 기반으로 새로운 기회를 노리는 마이크론. 이 세 기업의 경쟁은 AI 반도체의 미래뿐 아니라 글로벌 산업의 권력 지도를 다시 그릴 것입니다. HBM4를 이해한다는 것은 단순히 반도체를 아는 것을 넘어, AI 시대의 산업 주도권이 어디로 향하는가를 읽는 일입니다.

〔자료 4-3〕 메모리 3사의 HBM 로드맵

	2025 상반기	2025 하반기	2026 상반기	2026 하반기
삼성전자	HBM3E 12단 양산 HBM4 12단 샘플 출하	HBM4 12단 양산 준비	HBM4 12단 양산	HBM4E 양산 준비
SK 하이닉스	HBM4 12단 샘플 출하	HBM4 12단 양산	HBM4 16단, HBM4E 순차 출시	
마이크론	HBM3E 12단 양산 HBM4 12단 샘플 출하	HBM4 12단 양산 준비	HBM4 12단 양산	

출처: 업계 종합

HBM 밸류체인 속
숨겨진 투자 종목

HBM은 더 이상 '메모리칩'이 아니라 '하이테크 제조업의 총합'입니다. 모든 공정이 한계치를 시험하는 구조라, 이 시장의 수혜는 완제품을 넘어 적층·본딩·검사·소재 밸류체인 전체로 확산됩니다.

    HBM은 여러 개의 D램 칩을 수직으로 적층하고, 이를 미세한 관(TSV)으로 연결해 하나의 고대역폭 메모리로 동작시키는 구조입니다. 칩 적층 과정에서 정렬 오차를 최소화해야 하고, 패키징 과정에서 열·변형을 감당해야 하며, 검사 과정에서는 기존 대비 훨씬 더 많은 변수와 불량 가능성을 관리해야 합니다. 이러한 공정을 가능하게 만드는 소재의 특성 또한 상향해야 합니다.

    이처럼 공정 난도가 올라간다는 것은 곧 완제품을 만들기 위해 필요한 과정과 장비, 소재의 중요성이 함께 상승한다는 의미입니다. HBM 시장은 완제품을 만드는 기업만 올라가는 구조가 아니라 밸류체인 전체에 수익과 투자 기회가 확산되는 형태로 움직입니다. 그러므로 투자자는 제조사가 아닌 밸류체인 전체를 봐야 합니다.

[자료 4-4] HBM 밸류체인

업종	기업	주력 제품	HBM Role
메모리	삼성전자	DRAM, NAND	HBM 제조
	SK하이닉스	DRAM, NAND	HBM 제조
	마이크론	DRAM, NAND	HBM 제조
IP	오픈엣지 테크놀로지	NPU, 온칩인터커넥트, PHY	HBM IP
장비	에스티아이	CCSS, 리플로우, FC-BGA 현상기	리플로우 장비
	ASMPT	CIS 장비, TCB, 다이싱	TC 본더
	Toray	탄소 복합 소재, IT 관련 장비	TC 본더
	신카와	본딩/몰딩 장비, 리드프레임, 와이어	TC 본더
	ONTO	웨이퍼 검사 장비, 기판 리소그래피	TSV 검사장비
	오로스 테크놀로지	노광 오버레이 장비	TSV 검사장비
	제우스	세정, PRstrip, 습식 식각 장비	세정장비
	도쿄일렉트론	식각, 세정, 증착, 테스트, 트리밍	세정장비
	Screen	웨이퍼 세정장비	세정장비
	케이씨텍	CMP 및 세정 장비, 슬러리	세정장비, CMP
	AMAT	에피택시, 이온 주입, 산화/질화, 증착	PECVD
	램리서치	CVD, 습식세정, 식각 장비	건식 식각 장비
	KLA	웨이퍼, IC칩 검사장비	검사장비
	파크시스템스	AFM, 마스크 리페어	검사장비
	넥스틴	다크필드 패턴 검사장비	검사장비
	테스	PECVD, GPE	PECVD, GPE
부품	미코	세라미 히터블록	HBM 히터

	피에스케이 홀딩스	후공정 세정, 리플로우 장비	리플로우 장비
후공정 장비	한미반도체	쏘잉 장비, 패키징 장비	TSV/TC 본더
	피에스케이 홀딩스	후공정 세정, 리플로우 장비	Descum, 리플로우 장비
	프로텍	디스펜서	디스펜서
	Disco	다이싱 장비, 그라인더, 다이 분리기	다이싱, 백그라인더
	이오테크닉스	마킹, 커팅 장비;LTP 장비	다이싱
	인텍플러스	패키지 검사 장비	검사장비

출처: 언론 종합, 신한투자증권

○── 공정 장비 : 한미반도체 vs. 한화세미텍

　HBM 적층 공정에서 TC본더는 그동안 표준 방식으로 사용되어 왔습니다. TC본더는 열과 압력을 가해 칩을 위로 쌓아 올리는 방식으로, HBM3E까지는 이 공정으로 생산이 가능했습니다. 하지만 HBM4 세대부터는 적층 숫자가 더 올라가고, 정렬 정확도·발열·변형·압력까지 동시에 관리해야 하기 때문에 기존 TC본딩 방식은 한계가 드러날 수밖에 없습니다. 이러한 이유 때문에 업계는 본딩 방식 자체가 바뀌는 전환 구간을 맞이하고 있으며, 그 다음 시대의 기술로 하이브리드 본딩이 부각되고 있습니다.

　하이브리드 본딩은 열과 압력 중심의 접합이 아니라, 칩과 칩을 금속끼리 직접 정밀하게 연결하는 방식입니다. 적층이 높아질수록 수율 안정성이나 변형, 전력 효율 측면에서 우위가 나타나기 때문에 HBM4 이후 세대의 핵심 공정으로 자리 잡을 가능성이 높아 차세대

[자료 4-5] 기존 TC 본딩 방식 vs. 하이브리드 본딩

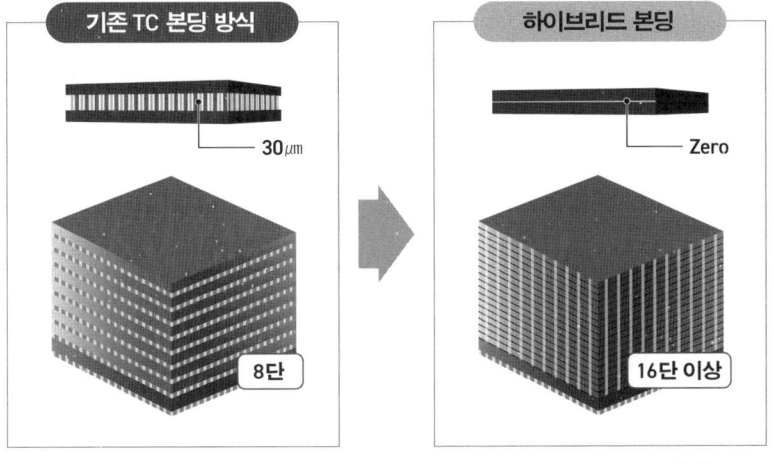

출처: XPERI

본딩기술로 떠오르고 있습니다.

현재 TC본더 시장은 한미반도체가 절대적 우위를 가지고 출발했습니다. 엔비디아향 HBM3E에서 90% 수준의 점유율을 확보하면서 이미 글로벌 레퍼런스*를 증명한 상태입니다. 여기에 HBM4 대응 장비도 선제적으로 양산 체제에 진입했고, 차세대 접합 기술인 플럭스리스 본딩 기술까지 옵션화하면서 TC 본딩 기술의 수명을 한 단계 더 확장시키고 있습니다. 즉 HBM4와 HBM4E 단계까지 TC본더만으로 충분히 대응 가능한 시장 구간에서 한미반도체는 여전히 가장 강력

> **글로벌 레퍼런스**
> (Global Reference)
>
> 기업이 국내를 넘어 글로벌 고객사나 시장에서 기술력과 신뢰성을 공식적으로 인정받았다는 의미로 쓰임. 즉 어떤 장비나 기술이 실제로 글로벌 주요 기업의 생산 라인이나 제품에 채택되어 사용된 사례를 말함

한 주도권을 쥐고 있다고 볼 수 있습니다.

반면 한화비전의 자회사 한화세미텍은 후발주자이지만 속도가 빠릅니다. SK하이닉스 품질 검증을 통과하며 양산 공급에 들어갔고, TC본더 시장에서 단기간 레퍼런스 확보에 성공했습니다. 물론 한미반도체와의 특허 분쟁으로 경쟁은 더 치열해졌지만, 이를 달리 보면 후발주자인 한화세미텍은 가격 경쟁력, 제품 출시 속도, 특정 공정에서의 집중 전략으로 시장 판도 변화를 노리고 있다고 해석할 수 있습니다. 더 나아가 한화세미텍은 하이브리드 본더를 더 빠르게 상용화하려는 전략을 드러내고 있습니다.

지금은 TC본더 매출이 집중적으로 발생하는 구간이고, 한미반도체가 가장 유리한 위치에 서 있습니다. 하지만 다음 기술 사이클까지 고려한다면, 한화세미텍은 결코 가볍게 볼 수 없는 후발주자입니다. HBM 장비 투자는 현재의 매출 주도권과 향후 기술 전환의 주도권을 동시에 보는 관점이 필요합니다. 그리고 본딩 기술의 변화는 HBM 경쟁력의 가장 앞단에서 먼저 나타납니다. 이 변곡점에서 어느 기업이 먼저 점수를 가져가는지가, 향후 AI 반도체 시대의 또 다른 밸류체인 승자를 결정하게 될 것입니다.

○── 검사 장비 : 와이씨 vs. 테크윙

HBM 검사장비는 HBM 칩 공정에서 마지막에 하는 절차가 아니라, 적층 전체 과정에서 계속 반복적으로 들어가는 관리 장치로 봐야 합니다. 검사 장비가 정교해질수록 공정 중간 결함을 조기에 잡아낼 수 있고, 불량 스택을 초기에 선별할 수 있기 때문에 최종 패키지 손실을 획기적으로 줄일 수 있습니다.

HBM 검사장비 섹터에서는 와이씨와 테크윙을 주목할 필요가 있습니다. 두 기업은 같은 검사 장비 기업이지만 각각 맡고 있는 역할과 공정 단계가 다르기 때문에, HBM 시장 확장 과정에서 서로 다른 타이밍에서 실적 모멘텀이 나타날 수 있습니다.

와이씨는 메모리 반도체 웨이퍼 및 패키징 검사장비를 개발하는 전문기업입니다. 최근에는 HBM(고대역폭메모리)용 검사장비 영역으로 확장하고 있으며, 대표 장비인 'MT8311'은 HBM3E·HBM4 대응이 가능한 장비로 소개되고 있습니다.

와이씨의 HBM 검사장비는 HBM 패키징 과정의 중간 단계에서 사용됩니다. TC본더로 적층이 완료된 이후, 칩과 칩이 제대로 연결되어 있는지, TSV 간 배선·접합부에 이상이 없는지, 열 변형이나 미세 크랙이 발생하지 않았는지를 조기에 검증하는 역할을 합니다. 최종 성능 테스트 직전의 완제품 검증이 아니라, 적층 직후 공정 구간에서 구조적 불량을 먼저 선별하는 장비입니다. 이 단계에서 불량을 잡아낼수록 전체 수율 손실을 줄일 수 있기 때문에, HBM 단수가 높아지고 공정 난도가 올라갈수록 와이씨 장비의 중요도는 더 커질 수밖에 없습니다.

와이씨는 이미 삼성전자향 HBM 검사장비 납품을 시작했으며, SK하이닉스 양산라인 진입 가능성도 업계에서 언급되고 있지만 공식 발표된 내용은 없는 상태입니다. 다만 HBM 시장이 확장되는 속도를 고려하면, 검사장비 섹터에서도 와이씨는 충분히 추적해야 할 중요한 변수로 자리 잡아가고 있습니다.

테크윙의 HBM검사장비인 '큐브프로버'는 HBM 패키징이 거의 마무리되는 후공정 단계에서 투입되는 검사장비입니다. HBM은 여러 장의 D램을 수직으로 쌓는 구조이기 때문에, 최종 출하 전 단계에서 칩과 칩을 이어주는 연결부가 정상적으로 작동하는지, 미세 결함이나 충격에 의한 변형이 없는지를 정밀하게 확인하는 과정이 필수입니다. 큐브프로버는 적층이 완료된 HBM이 실제로 안정적으로 동작하는지를 최종 단계에서 확인하는 장비입니다.

테크윙은 이 영역에서 레퍼런스 확보가 빠릅니다. 삼성전자향 큐브프로버 양산 공급이 시작되었고, SK하이닉스에서도 퀄 테스트를 통과한 상태라는 보도가 이어지고 있습니다. 여기에 글로벌 3대 메모리 기업 중 하나인 마이크론과도 공급 협의가 진행되고 있다는 기사들이 나오고 있습니다. 다시 말해, 테크윙은 HBM 검사 라인의 고객 포트폴리오가 이미 삼성을 넘어 확장되는 흐름을 타고 있는 중입니다.

HBM 검사 장비는 단순히 성장 기대감으로 종목을 찾는 영역이 아닙니다. 앞으로는 수율과 안정성을 실제로 보여줄 수 있는 기업에 더 높은 가치가 붙는 시장으로 바뀌고 있습니다. AI 시대의 메모리 경쟁력은 속도보다 안정적인 양산 능력을 누가 확보하느냐로 결정될 가능성이 큽니다.

○── 공정 소재: 솔브레인 vs. 동진쎄미켐

HBM은 쌓는 기술만 중요한 게 아닙니다. 높은 적층을 안정적으로 유지하고, 발열을 관리하고, 휘어짐이나 미세 균열을 막아주는 소재 특성이 그대로 완성품 품질로 나타나는 구조입니다. 장비 성능이 아무리 뛰어나더라도 소재*가 받쳐주지 못하면 수율은 의미 있게 확보되지 않습니다. HBM 시대에서 소재는 단순한 소모품이 아니라 수율을 결정짓는 핵심 변수입니다.

> **소재(material)**
> 반도체를 만드는 과정에서 사용되는 모든 화학적·물리적 재료를 뜻함. 가령 HBM 공정에서 중요한 소재에는 CMP 슬러리(연마제), 포토레지스트(감광액), 식각가스, 증착용 박막 재료, 본딩용 플럭스 등이 있음

또 하나 중요한 점은, 소재는 일단 채택되면 쉽게 교체되지 않는다는 것입니다. HBM은 공정 안정화까지 시간이 길게 걸리고, 소재를 바꾸면 리스크가 급격히 커지기 때문에 한 번 채택되면 장기간 유지되는 경우가 대부분입니다. 그래서 HBM 소재는 뒤에서 따라가는 보조 밸류가 아니라, 기술 세대가 올라갈수록 존재감이 더 커지는 영역입니다. 앞으로 HBM 세대가 고도화될수록 소재 기업의 가치 역시 더 높게 평가될 가능성이 큽니다.

HBM 소재에서는 대표적으로 HBM용 CMP 슬러리를 주목해야 합니다. HBM의 층과 층 사이를 관통하는 TSV에 구리를 채우고, 이 구리가 넘치는 부분을 다시 깎아내며 평탄도를 맞추는 과정이 반드시 들어갑니다. 이 평탄화 과정에서 사용되는 것이 바로 CMP 슬러

리입니다. 말 그대로 '연마제' 역할을 하는 소재인데, 연마 정확도가 조금만 틀어져도 TSV 연결이 불안정해지고 미세 균열이 생기며, 그 불량률은 그대로 수율 저하로 이어집니다.

국내 HBM CMP 슬러리 시장은 그동안 솔브레인이 사실상 독점에 가까운 지위를 유지해왔습니다. 솔브레인은 삼성전자와 SK하이닉스 양쪽 라인에 모두 납품해왔고, 글로벌 공급망에서도 중요한 국내 소재 벤더 역할을 해왔습니다. 무엇보다 외국 소재 회사들이 장

[자료 4-6] 솔브레인 CMP 슬러리의 활용

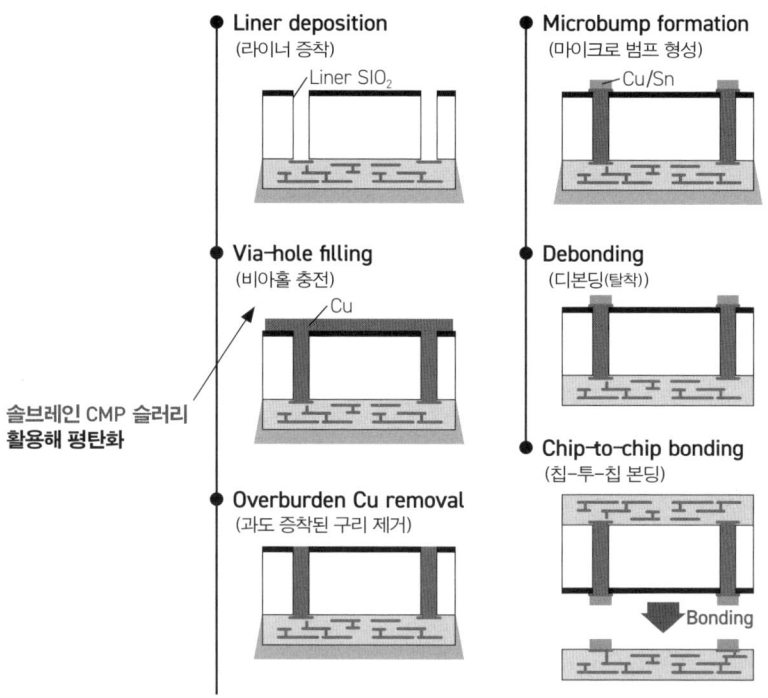

출처: 리서치게이트

악하고 있었던 CMP 슬러리 시장에서 국내 소재 업체가 고급 제품을 독보적으로 선점할 수 있다는 사례를 남겼습니다.

하지만 솔브레인의 뒤를 이어 동진쎄미켐이 SK하이닉스향 HBM CMP 슬러리를 납품하면서 판도의 변화가 생기기 시작했습니다. HBM 생산량이 빠르게 늘어나는 상황을 고려하면 동진쎄미켐의 진입 자체가 구도 변화의 신호로 볼 수 있습니다. 동진쎄미켐은 더 나아가 하이브리드 본딩용 CMP 슬러리를 개발 중에 있습니다. 만약 SK하이닉스의 평가 통과시 하이브리드 본딩용 CMP 슬러리는 R&D용으로 쓰일 것으로 예상됩니다.

○── 속도 싸움이 아니라 완성도 싸움

HBM 투자는 기술의 발전 단계를 쫓는 일이 아니라, 산업의 방향을 읽는 일입니다. 적층·본딩·검사·소재는 각기 다른 공정이지만, 모두 하나의 흐름 안에서 맞물려 있습니다. AI 시대의 메모리 경쟁력은 개별 기술의 우열이 아니라 얼마나 견고한 생태계를 구축하느냐로 결정됩니다. 따라서 반도체 투자자는 단기적인 주가의 움직임보다 HBM 밸류체인 전반이 만들어내는 구조적 변화에 집중해야 합니다.

HBM 소재 시장은 이제 한 회사의 독점 구도에서 경쟁 구조로 넘어가고 있습니다. 앞으로 HBM 세대가 올라갈수록 소재 요구 사양은 더 높아질 것이고, 그 과정에서 소재 기업 간 기술과 점유율 경쟁은 더 선명하게 드러날 것입니다. 시장의 흐름은 장비와 동일하게 속도 싸움이 아니라 완성도 싸움으로 흘러가고 있습니다. 결국 다음 세대 HBM에서 누가 더 빠르게, 더 안정적으로 소재 기준을 확보하느냐가 소재 밸류체인의 성패를 나누게 될 것입니다.

CXL·PIM:
메모리 구조의 변화

HBM이 고성능 메모리의 문을 열었다면, CXL과 PIM은 그 문을 한층 더 넓히는 확장 기술입니다. 두 기술은 AI 메모리 구조를 근본부터 바꾸며, HBM 이후 반도체 시장의 새로운 성장축으로 자리 잡고 있습니다.

    HBM이 AI 메모리 시장의 주도권을 확실하게 열어준 것은 부정할 수 없습니다. 이제 반도체는 단순히 더 빨리 계산하는 시대를 넘어, 어떻게 더 효율적으로 연결하고, 어떻게 병목 없이 데이터를 흘려보낼 것인가가 새로운 경쟁 영역으로 부각되고 있습니다. 이 지점에서 CXL(컴퓨트 익스프레스 링크)과 PIM(프로세싱 인 메모리)은 단순한 신기술이 아니라, HBM 다음 시대의 확장축 역할을 하게 될 가능성이 큽니다.

    HBM은 이미 주도권이 굳어진 상태이고, 당분간 AI 시장의 중심 위치 역시 유지될 것입니다. 다만 HBM만으로는 모든 영역을 커버하기 어렵다는 한계도 분명히 존재합니다. 이 공백을 메워주는 기술이 바로 CXL과 PIM입니다. 두 기술은 HBM을 대체하는 개념이 아니라, HBM으로 열리기 시작한 AI 메모리 수요를 더 넓히고, 더 효율적으로 활용할 수 있도록 확장시키는 역할을 합니다. AI 메모리 경쟁은 앞으로 HBM을 기반으로 얼마나 더 넓히느냐의 경쟁으로 넘어갈 가능성이 높습니다.

제2의 HBM은 CXL?

CXL은 쉽게 말해 데이터를 운반하는 도로 자체를 확장하는 차세대 기술입니다. HBM이 칩 내부에서 대역폭을 넓히는 방식으로 성능을 키우는 메모리라면, CXL은 시스템 전체 메모리 용량을 외부로 확장할 수 있도록 하는 개념입니다. 즉 CXL은 AI 연산이 커질수록 병목에 부딪히는 시스템 전체의 메모리 한계를 해소해 데이터 이동 효율을 극적으로 높이는 새로운 성장 축으로 부상하고 있습니다.

[자료 4-7] CXL 기술 개념도

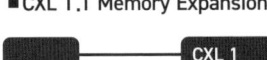
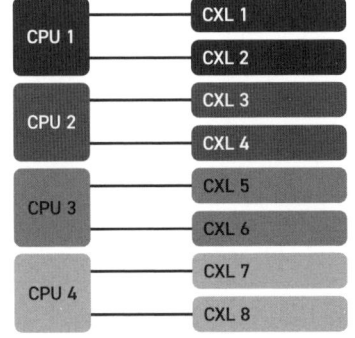
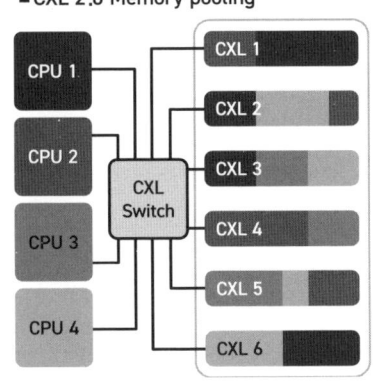

출처: news.samsungsemiconductor.com

HBM은 GPU 안에서 속도를 극대화하는 데 최적화되어 있지만, 단가가 높고 적층 난도가 올라갈수록 비용 부담이 커지는 구조적 한계가 있습니다. 반면 CXL은 기존 서버에서 사용하던 일반 D램을 그대로 활용하면서도, 메모리 용량과 대역폭을 훨씬 크게 확장할 수 있는 기술입니다. 실제로 고용량 CXL D램이 도입되었을 때 서버 당 메모리 용량을 8~10배 가까이 늘릴 수 있다는 분석도 있습니다.

그렇기 때문에 HBM과 CXL은 서로를 대체하는 기술이 아니라, 서로의 빈 구간을 보완하며 함께 커질 수밖에 없는 구조입니다. 투자자 관점에서 CXL은 HBM이 만든 메모리 수요 확장을 뒤쪽에서 계속 이어주는 역할로 볼 수 있습니다. 이제 메모리 경쟁은 '칩 내부 성능을 극대화하는 HBM'과, '시스템 전체 용량을 넓혀주는 CXL'이라는 두 가지 역할이 나란히 함께 형성되는 단계로 넘어가고 있는 것입니다.

시장조사업체 욜 그룹은 글로벌 CXL 시장이 2028년 약 150억 달러 규모까지 성장할 것이라고 전망하고 있습니다. 삼성전자가 이 기술에 누구보다 집중하고 있는 이유도 여기서 이해할 수 있습니다. 삼성전자는 2021년에 CXL 기반 DRAM을 최초로 개발하며 세계 최초 타이틀을 가져갔고, HBM 세대에서 밀렸던 주도권을 차세대 메모리 환경에서는 반드시 되찾겠다는 전략적 의지가 강합니다.

CXL은 단순히 또 하나의 신기술이 아니라, AI 메모리 구조가 다음 단계로 확장되는 과정에서 반드시 거쳐야 할 기술입니다. AI 시대는 GPU 숫자를 늘리는 방식만으로는 한계가 명확해졌고, 이제는 메모리 용량과 연결 효율을 어떻게 키우느냐가 핵심 경쟁력이 되고 있습니다. CXL은 바로 이 전환이 시작되는 지점에 위치합니다.

○── 지능형 메모리, PIM

PIM은 메모리 반도체가 단순히 데이터를 '보관'하는 역할에서 벗어나, CPU나 GPU가 해야 했던 일부 연산까지 직접 수행하는 구조입니다. PIM 기술이 중요한 이유는 AI 확산 속에서 데이터 이동 과정에서 발생하는 병목현상 때문입니다.

HBM 단수는 계속 올라가고 데이터양은 기하급수적으로 늘어나는데, CPU·GPU로 데이터를 보내는 길은 여전히 한정적입니다. 도로는 똑같은데 차만 늘어나니까 막히는 것이죠. 이 같은 병목현상 때문에 성능은 떨어지고 전력 소모가 불필요하게 높아지게 됩니다.

[자료 4-8] PIM 기술 개념도

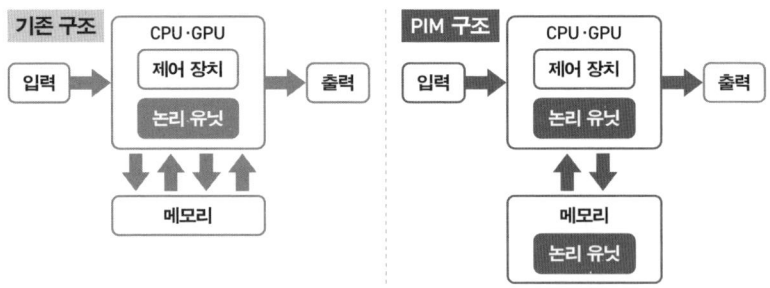

※ **PIM 기술 개념도**: PIM(Processing-in-Memory)은 메모리 내부에 연산 작업에 필요한 프로세서 기능을 더한 차세대 신개념 융합기술

출처: 업계 종합

우리가 챗GPT와 대화할 때 문장이 한 글자씩 천천히 출력되는 딜레이가 생기는 것도 이 구조의 한계 때문입니다.

PIM은 이 같은 문제를 메모리 내부에서 연산 처리를 통해 직접 해결할 수 있는 기술입니다. 연산 왕복*을 줄이면서 속도를 높이고, 전력 효율도 개선할 수 있는 장점이 있습니다. 그래서 PIM은 단순한 미래 기술이 아니라, AI 메모리 구조가 커질수록 더 요구되는 확장 기술로 봐야 합니다. 이러한 흐름은 CXL과 함께 봐야 하며, 결국 'HBM → CXL → PIM'으로 이어지는 메모리 확장의 논리는 단일 제품 스펙 경쟁이 아니라 메모리 구조 전체의 전환을 향하고 있습니다.

> **연산 왕복**
> (Computation Round Trip)
>
> '메모리에 저장된 데이터를 연산 장치로 보냄 → 연산 장치가 계산 수행 → 결과를 다시 메모리로 되돌려 저장', 이 일련의 이동-연산-복귀 과정이 연산 왕복임. 이 왕복이 많을수록 전력 소모가 커지며, 전체 연산 속도가 느려짐

PIM의 의미는 단순히 메모리 내부에서 연산을 수행하는 데 그치지 않습니다. 이는 곧 메모리와 연산의 경계가 사라지는 전환점을 의미합니다. 데이터를 옮겨 처리하던 기존 구조 대신, 데이터가 있는 자리에서 바로 연산이 이루어지는 '온디바이스 컴퓨팅' 체제로 진화하는 것입니다. 이 구조가 자리 잡게 되면, AI 반도체는 GPU 중심의 집중형 구조에서 벗어나, 메모리·연산·스토리지 간의 분산형 구조로 확장될 가능성이 커집니다. 즉 PIM은 메모리 반도체가 단순한 부품이 아니라 AI 연산의 주체로 올라서는 변화의 출발점이 되고 있습니다.

○── HBM 이후까지로 시야를 넓혀라

HBM이 AI 시대의 첫 번째 성장축을 열었다면, CXL과 PIM은 그 축을 옆으로 확장시키는 기술입니다. 이제 메모리 경쟁은 단일 제품의 성능보다 연결·저장·연산이 하나로 통합되는 구조를 누가 먼저 완성하느냐로 이동하고 있습니다. AI 반도체의 무게중심이 GPU에서 시스템 전체로 옮겨가고 있는 지금, 메모리 기술은 단순한 하드웨어가 아니라 산업 아키텍처를 설계하는 핵심이 되고 있습니다.

따라서 투자자는 HBM의 성숙도를 넘어, CXL과 PIM이 만들어갈 '확장된 메모리 생태계'의 변화를 주목해야 합니다. 앞으로의 경쟁은 속도나 용량이 아니라 얼마나 안정적이고 유연한 데이터 구조를 설계할 수 있느냐로 결정될 것입니다. HBM은 그 문을 열었고, 이제 CXL과 PIM이 그 문을 넓히며 AI 반도체 산업의 새로운 성장 지도를 완성하고 있습니다.

GDDR7·SOCAMM:
AI 확산 국면의 메모리

전력·비용·공급의 한계가 드러난 지금, 더 적은 전력으로 더 많은 데이터를 처리할 수 있는 메모리가 요구됩니다. 이 새로운 흐름 속에서 GDDR7과 SOCAMM(소캠)이 AI 메모리의 다음 세대를 열고 있습니다.

    AI 반도체 시장은 빠르게 변하고 있습니다. 불과 몇 년 전까지만 해도 모든 관심이 고성능 서버용 GPU에 쏠려 있었다면, 이제는 추론용과 보급형 AI 시장으로 무게 중심이 옮겨가고 있습니다. 문제는 이 과정에서 전력, 비용, 공급 한계가 동시에 드러났다는 점입니다. 고성능만으로는 감당이 되지 않는 시대가 온 것이죠.

    이제 시장의 키워드는 '속도'가 아니라 '효율'입니다. 적은 전력으로 더 많은 데이터를 처리하고, 더 낮은 비용으로 확장할 수 있는 메모리가 필요해진 겁니다. 바로 그 변화의 흐름 속에서 GDDR7과 SOCAMM(소캠)이 주목받고 있습니다. 결국 AI 확산의 진정한 승자는, 성능과 효율이라는 두 축의 균형을 가장 먼저 실현하는 메모리 기술이 될 것입니다.

[자료 4-9] GDDR7 vs. SOCAMM(소캠)

구분	GDDR7	SOCAMM(소캠)
정의	그래픽 전용 D램의 7세대 규격	저전력 D램(LPDDR)을 기반으로 한 AI 서버용 신규 메모리 모듈
주요 개발 주체	JEDEC 표준 기반(삼성전자, SK하이닉스, 마이크론 참여)	엔비디아 주도(삼성전자, SK하이닉스, 마이크론 협력)
용도/ 적용처	GPU·그래픽카드·AI 추론용 칩 / 보급형 AI 서버	AI 서버·데이터센터 / 차세대 CPU (엔비디아 '베라') 및 AI PC
기술 세대	그래픽 D램 7세대(GDDR6 → GDDR7)	저전력 D램 모듈 2세대(SOCAMM1 → SOCAMM2)
생산 난이도	중간 수준(HBM보다 단순, DDR보다 복잡)	낮음(LPDDR 공정 활용 가능)
시장 포지션	HBM의 보완재 - AI 추론·보급형 GPU 중심	HBM의 확장재 - 저전력·고효율 서버 메모리 중심
공급 사별 현황	삼성전자: 엔비디아 GDDR7 독점 공급 확대 SK하이닉스: 양산 준비 및 납품 협의 마이크론: GDDR6X → GDDR7 전환 중	마이크론: SOCAMM2 샘플 출하 (192GB, 9.6Gbps) 삼성전자: SEDEX 2025에서 8.5 Gbps 제품 공개 SK하이닉스: 7.5~9.6Gbps 시제품, 양산 준비
시장 전망 (2026~ 2028)	AI 추론·엣지 AI 시장 확산으로 수요 급증 예상	전체 D램 수요의 약 4.4% 차지 예상, AI 서버·AI PC 신수요 창출

◦── GDDR7, 메모리 시장의 숨은 승부처

GDDR7은 그래픽 전용 D램의 7세대 규격으로, 기존 GDDR6 대비 데이터 처리 속도와 전력 효율을 크게 끌어올린 차세대 메모리입니다. 기존에는 0과 1로 신호를 구분하는 방식이었다면, GDDR7은 'PAM3(Pulse-Amplitude Modulation)*'이라 불리는 새로운 전송 방식을 적용해 한 번에 더 많은 데이터를 보낼 수 있도록 설계되었습니다. 이 덕분에 같은 시간 동안 처리할 수 있는 데이터의 양, 즉 대역폭이 약 2배 가까이 늘어났습니다.

이 기술이 주목받는 이유는 단순한 성능 향상 때문만이 아닙니다. AI 산업이 급격히 성장하면서 HBM의 수요가 폭발적으로 늘었지만, 공급량과 생산비용은 그 속도를 따라가지 못했습니다. 엔비디아가 GDDR7을 주목하기 시작한 것도 바로 이 지점입니다. HBM만으로는 감당하기 어려운 비용과 전력, 그리고 공급난을 해소하기 위해 효율적인 메모리가 필요해진 것입니다.

GDDR7은 HBM보다 성능은 낮지만, 제조 난도가 훨씬 낮고 대량 생산에 훨씬 유리합니다. 다시 말해 학습보다는 추론 중심의 AI 서버나 보급형 GPU처럼 전력 대비 효율을 중시하는 환경에 더 적합한 메모리입니다. 엔비디아가 최근 중국 수출용 AI 칩과 차세대 GPU '루빈(Rubin) CPX*'에 GDDR7

> **PAM3**
> **(Pulse-Amplitude Modulation)**
>
> 신호의 세 가지 진폭 레벨(+1, 0, -1)을 이용해 데이터를 전달하는 3레벨 진폭 변조 방식임. 기존의 2단계(0과 1) 신호가 한 번에 1비트만 표현할 수 있었다면, PAM3은 세 단계의 전압 차를 활용해 한 번에 1.5비트($\approx \log_2 3$) 수준의 정보를 전송할 수 있음

> **루빈(Rubin) CPX**
>
> AI가 긴 문맥(롱 컨텍스트)을 이해하며 추론할 때 성능을 높이도록 설계된 새로운 GPU 가속기임. 기존 GPU가 학습과 추론을 모두 처리했다면, Rubin CPX는 문맥을 읽고 준비하는 단계에 특화되어 있어 더 빠르고 효율적으로 계산을 수행하는 구조임

을 적용하려는 이유도 여기에 있습니다. AI 칩의 성능은 유지하면서도 전력 소모와 비용을 크게 줄일 수 있기 때문입니다.

이러한 흐름에 맞춰 삼성전자와 SK하이닉스도 GDDR7 시장 공략에 속도를 내고 있습니다. 삼성전자는 엔비디아의 요청으로 GDDR7 공급량을 2배 이상 늘리는 방안을 추진하고 있습니다. 삼성전자가 엔비디아로부터 주문받은 GDDR7 규모는 구체적으로 확인되지 않았지만, 최소 수천억 원에서 최대 조 단위에 이를 것으로 추정됩니다.

이처럼 GDDR7은 AI 반도체 산업에서 속도 경쟁 이후의 새로운 화두를 제시하고 있습니다. 시장의 무게중심은 이제 단순한 성능이 아니라, 전력 효율·비용·공급 안정성으로 옮겨가고 있습니다. GDDR7은 HBM의 대체재가 아니라, AI 메모리 생태계를 한 단계 더 넓히는 역할을 맡게 될 것입니다.

○── SOCAMM, AI 메모리의 2라운드가 시작

SOCAMM은 쉽게 말해 전력 소모를 크게 낮춘 새로운 서버용 메모리입니다. 기존 서버 메모리는 전력을 많이 소모하고 발열도 심했지만, SOCAMM은 노트북 등에 쓰이던 저전력 D램(LPDDR)* 기술을 서버용으로 발전시킨 형태라 훨씬 효율적입니다. 같은 일을 하더라도 전력은 약 3분의 1만 쓰고, 한 번에 처리할 수 있는 데이터 양도 크게 늘었습니다. 덕분에 AI 서버의 가장 큰 고민이던 전력 소비 문제를 해결할 수 있게 되었습니다.

그래서 SOCAMM은 단순히 새로운 메모리를 넘어 AI 인프라의 효율을 높여주는 핵심 기술로 평가받고 있습니다. 이러한 변화의 흐름 속에서 삼성전자, SK하이닉스, 마이크론 등 메모리 3사도 앞다퉈 차세대 SOCAMM 시장 주도권 경쟁에 뛰어들고 있습니다. 마이크론은 업계 최초로 2세대 SOCAMM2 샘플 출하를 공식 발표하며 선제적으로 시장 주도권 확보에 나섰습니다.

> **저전력 D램**
> (LPDDR, Low Power DRAM)
>
> 전력 소모를 줄이기 위해 설계된 D램 메모리임. 주로 스마트폰, 노트북 등 배터리 기반 기기에 사용되며, 일반 D램보다 동작 전압이 낮고 대기 전력(대기 중 소모되는 전력)이 적음. 이 덕분에 고성능·저전력을 동시에 요구하는 모바일·AI 서버용 메모리의 핵심 기술로 활용됨

같은 시기에 삼성전자와 SK하이닉스 역시 국내 '반도체대전(SEDEX 2025)'에서 각각 자사 SOCAMM2 실물과 사양을 공개했습니다. 세 회사 모두 192GB 용량을 내세웠고, 동작 속도는 마이크론이 최대 9.6Gbps, 삼성전자가 8.5Gbps, SK하이닉스가 7.5~9.6Gbps로 공개되었습니다.

[자료 4-10] 메모리 3사의 소캠2(SOCAMM2) 사양 비교

	삼성전자	SK하이닉스	마이크론
모듈 용량	192GB	192GB	192GB
동작 속도	8.5Gbps	7.5~9.6Gbps	9.6Gbps
메모리 규격	LPDDR5X	LPDDR5X	LPDDR5X
I/O(입출력) 핀수	694개	694개	694개

출처: 각 사 자료 취합

표면적으로는 마이크론이 가장 앞서 있는 듯 보이지만, 실제 경쟁력은 단순 속도에 있지 않습니다. 삼성전자는 업계 최대 수준의 생산능력을 갖추고 있어 공급 안정성과 납기 대응 측면에서 유리하고, SK하이닉스는 HBM 공정 경험을 기반으로 발열 제어 등 품질 신뢰도 면에서 강점을 보입니다.

엔비디아의 로드맵이 1세대에서 2세대 SOCAMM으로 빠르게 이동하면서, 시장 구도도 완전히 재편되었습니다. 초기에는 마이크론이 독점에 가까운 위치를 점했지만, 엔비디아가 'GB300' 시리즈의 일정과 설계를 조정하면서 삼성전자와 SK하이닉스에게도 대규모 공급 기회가 열리게 된 것입니다. 이제는 세 기업이 같은 출발선에서 경쟁하는, HBM 이후 처음 맞이하는 진정한 3파전이 펼쳐지고 있습니다.

시장조사업체 트렌드포스 분석에 따르면, 2026년 SOCAMM 수요는 전체 D램 수요의 약 4.4%를 차지할 전망이며, 약 19억GB 규모의 신규 저전력 D램 수요가 발생할 것으로 예상했습니다. 이는 SOCAMM이 단순히 일시적인 기술 트렌드가 아니라, AI 반도체 시장의 무게중심이 고성능에서 효율 중심으로 옮겨가고 있다는 신호입니다. AI 반도체의 패러다임이 성능 경쟁에서 효율 경쟁으로 옮겨가고 있는 지금, SOCAMM은 그 변화의 정중앙에서 새로운 라운드를 열고 있습니다.

○── AI 메모리, 효율이 기준이 되는 시대

　GDDR7과 SOCAMM은 서로 다른 기술처럼 보이지만, 결국 같은 방향을 향하고 있습니다. 고성능만을 좇던 AI 산업이 이제는 균형과 확장성이라는 새로운 기준을 세우기 시작했다는 점이죠. 삼성전자와 SK하이닉스, 마이크론이 나란히 이 두 시장에 뛰어든 것도 같은 맥락입니다.

　AI 시대의 승부는 이제 단순한 성능 경쟁이 아니라 누가 더 효율적으로, 안정적으로, 그리고 지속 가능한 방식으로 메모리를 설계하느냐에 달려 있습니다. 그 중심에는 전력과 비용의 한계를 넘어서고 있는 GDDR7, 그리고 AI 인프라의 구조를 다시 쓰고 있는 SOCAMM이 있습니다.

Semiconductor Investment strategy map

CHAPTER 5

AI 반도체 투자 핵심, 이것만은 꼭 알아두자

AI 반도체의 핵심을 이해해야 시장이 보인다

───────

AI 시대의 반도체 시장은 이제 특정 업종이나 한 기업의 실적만으로 설명되기 어려운 구조가 되었습니다. 데이터센터·GPU·TPU·HBM·패키징·기판·NPU까지, AI 연산을 둘러싼 모든 기술과 공급망이 동시에 움직이며 시장의 방향을 결정합니다. 과거처럼 메모리 가격이나 반도체 사이클만 읽어서는 시장의 흐름을 따라가기 어렵고, 이제 투자자는 AI 인프라의 구조적 변화와 그 변화를 뒷받침하는 핵심 기술을 함께 이해해야 합니다.

AI 반도체 투자에서 가장 중요한 것은 '무엇이 AI 성능을 끌어올리는가'를 정확히 짚는 일입니다. 데이터센터 투자가 왜 늘어나는지, GPU 공급이 왜 시장의 변곡점이 되는지, TPU·ASIC 같은 새로운 칩이 어떤 파장을 만드는지, 그리고 이를 가능하게 하는 HBM·기판·패키징·팹리스 생태계가 어떻게 연결되는지를 읽어내야 합니다. AI 경쟁이 격화될수록 반도체 산업은 수직적으로 더 깊이 연결되고, 변화의 속도는 이전과 비교할 수 없을 만큼 빨라지고 있습니다.

반도체 시장의 주도권은 개별 기업의 모멘텀보다 AI 인프라 전체가 만들어내는 구조적 수요로 이동하고 있습니다. 이 흐름을 이해하는 것은 단순한 시장 전망을 넘어 투자 전략의 방향을 결정하는 일입니다. 어떤 기술이 다음 수요를 만들고, 어떤 기업이 그 기술을 공급하며, 어떤 공급망이 산업의 병목을 만드는지 파악하는 것이야말로 투자 성과를 좌우하는 핵심 판단이 됩니다.

5장에서는 이러한 AI 반도체 시장의 핵심 요소들을 하나씩 압축해 정리합니다. 데이터센터 투자 흐름, GPU와 대항마들, TPU의 부상, 유리기판과 HBM 패키징의 구조적 전환, 국내 AI 팹리스 기업들의 경쟁력 등 AI 반도체 투자자가 반드시 이해해야 할 기본 틀을 구체적으로 설명했습니다. AI 반도체 시장의 구조를 처음 배우는 투자자라도 이 장 하나로 핵심 뼈대를 완전히 잡을 수 있으며, 시장의 움직임을 읽는 눈 또한 더욱 선명해질 것입니다.

데이터센터의 진화와
AI 반도체 수요

AI 인프라 투자는 뉴스보다 빠르게 움직이고, 데이터센터 확장은 실적보다 먼저 시장의 방향을 바꿉니다. 이 변곡점을 읽어낼 때 비로소 AI 시대 반도체 수요의 진짜 흐름이 보이기 시작합니다.

AI 시대의 데이터센터는 단순히 정보를 저장하고 서비스하는 인프라를 넘어 국가 경쟁력과 산업 성장 속도를 결정하는 핵심 자산으로 자리 잡고 있습니다. 불과 몇 년 전만 해도 데이터센터는 기업의 정보를 저장하고 내부 시스템을 안정적으로 운영하기 위한 기본 인프라로 인식되었습니다. 그러나 생성형 AI와 초거대 언어모델이 등장한 이후 데이터센터의 위상은 완전히 달라졌습니다. 이제는 누가 더 빠르게, 누가 더 효율적으로 AI 데이터센터를 확보하느냐가 기업과 국가의 기술 패권을 좌우하는 시대가 되었습니다.

AI 데이터센터의 경쟁은 단순한 설비 확충이 아니라, 연산 능력·전력 효율·냉각 기술·AI 칩 수급까지 총체적 역량을 겨루는 산업 전쟁으로 변했습니다. 특히 GPT-5급 모델 학습에는 과거 데이터센터가 1년 동안 쓰던 전력과 설비가 단 몇 주 만에 소모될 정도로 연산 수요가 폭증하고 있어, 데이터센터 확보 속도가 곧 기업의 혁신 속도와 직결되고 있습니다. 이러한 흐름 속에서 데이터센터는 더 이상 IT 인프라가 아니라, AI 시대의 성장 한계를 규정하는 '전략적 생산 시설'로 인식되고 있습니다.

○── AI 패권의 출발점인 '데이터센터'

최근 글로벌 빅테크 기업들이 보여주는 투자 속도는 그 자체로 데이터센터의 패러다임 전환을 증명합니다. 마이크로소프트와 오픈AI가 함께 추진하는 '스타게이트' 프로젝트만 보더라도, 약 6년에 걸쳐 1천억 달러, 즉 130조 원 규모의 초대형 AI 데이터센터를 짓는 계획이 포함되어 있습니다. 해당 시설에는 수백만 개의 AI 칩이 장착된 슈퍼컴퓨터가 들어갈 것으로 전해지는데, 이는 기존 데이터센터 대비 100배 이상 확장된 연산 규모입니다.

아마존 역시 향후 15년간 데이터센터에 1,500억 달러를 투자하겠다고 밝혔고, 구글도 딥마인드 본사가 위치한 영국 런던에 10억 달러 규모의 신규 데이터센터를 추가로 건설하기로 했습니다. 세계 대표 기업들의 설비 투자가 눈에 띄게 커지고 있는 건 단순한 트렌드가 아닙니다. 생성형 AI 경쟁이 본격화되면서, AI 모델을 학습·추론하기 위해 필요한 인프라가 폭발적으로 늘어났기 때문입니다.

생성형 AI 시장은 앞으로도 두 자릿수 이상의 높은 성장률을 이어갈 것으로 전망되며, 2030년대 초에는 수천억 달러 규모로 확대될 것으로 예상됩니다. AI 산업이 커질수록 이를 뒷받침하는 데이터센터 인프라 수요는 기하급수적으로 증가할 수밖에 없습니다.

○── 데이터센터 2차 호황, 왜 지금인가?

클라우드 산업이 본격화되었던 2010년대 중반, 우리는 이미 데이터센터 1차 호황을 경험했습니다. 기업과 공공기관이 온프레미스 시스템*에서 클라우드로 전환하면서 데이터센터 시장은 급성장했고, 구글·AWS·MS 등 CSP* 기업들이 글로벌 인프라를 빠르게 확장했습니다.

그러나 지금의 호황은 과거와 성격이 다릅니다. 단순한 인터넷 서비스 증가가 아닌, 초거대 AI 모델 경쟁이 직접적으로 수요를 촉발하고 있기 때문입니다. "AI 모델의 학습 비용이 기존 검색 대비 10배 이상 높다"는 알파벳 이사회 의장 존 헤네시의 언급처럼, AI 연산은 엄청난 컴퓨팅 파워를 요구합니다.

AI 경쟁이 본격화되면서 인프라 투자가 급격히 확대되고 있고, 이는 데이터센터 시

> **온프레미스(On-premise) 시스템**
>
> 기업이 자체 건물이나 데이터센터 안에 서버·스토리지·네트워크 장비를 직접 구축해 운영하는 방식임. 클라우드 이전 시대의 전통적인 IT 운영 방식으로, 현재는 클라우드와 혼합해 사용하는 하이브리드 구조가 일반적임

> **CSP(Cloud Service Provider)**
>
> 클라우드 서비스를 제공하는 기업을 말함. 컴퓨팅·스토리지·네트워크 등 IT 인프라를 인터넷 기반으로 제공해 사용자가 직접 서버를 구축하지 않아도 되게 함. 대표적인 CSP로는 아마존 AWS, 마이크로소프트 애저, 구글 클라우드 등이 있음

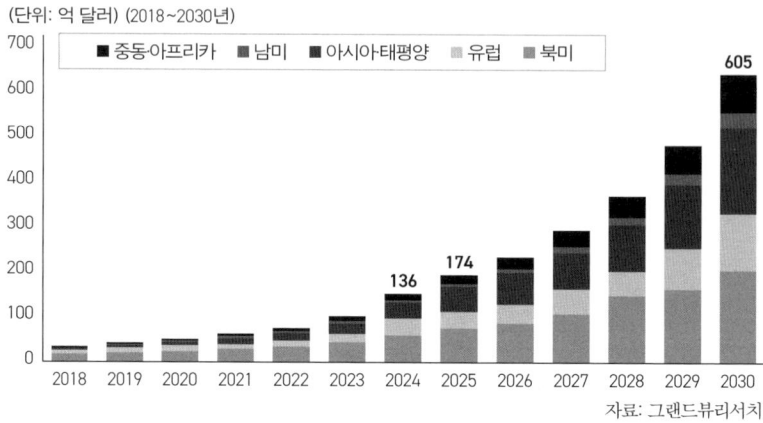

[자료 5-1] AI 데이터센터 시장 전망

장의 2차 호황을 불러올 것으로 전망됩니다. 특히 2026년까지 글로벌 데이터센터 시장은 연평균 16% 성장할 것으로 예상되는데, 이는 AI가 본격적으로 확산되기 시작한 2023년 이후 클라우드 수요와 AI 전용 데이터센터 수요가 동시에 증가하며 시장이 중첩되기 시작했기 때문입니다.

○── AI 데이터센터는 K-산업의 기회인가?

국내에서도 데이터센터 시장은 빠르게 확대되고 있습니다. 국내 상업용 데이터센터는 2023년 40개 수준에서 2027년에는 70개 이상으로 늘어날 것으로 예상됩니다. 특히 SK텔레콤이 AWS와 협력해 울산에 GPU 6만 개 규모의 국내 최대 AI 데이터센터를 구축하는 등 통신 3사를 중심으로 대규모 투자가 활발하게 이어지고 있습니다.

또한 부동산 운용사들이 PF와 인허가 역량을 앞세워 데이터센터 시장에 진입하는 흐름도 두드러지고 있습니다. 데이터센터는 전력 인프라, 입지 확보, 초기 자금 조달 등 복합적인 요소가 필요한 산업이기 때문에, 다양한 전문 기업들의 참여는 산업 전체의 경쟁력을 끌어올리는 요인으로 평가됩니다.

무엇보다 주목해야 할 점은, 국내 기업들이 글로벌 변화 속도를 따라가는 수준을 넘어 AI 데이터센터를 중심으로 새로운 성장 기회를 만들어가고 있다는 사실입니다. 통신사·클라우드 기업·인프라 기업·반도체 기업이 하나의 생태계로 묶이며 국내 AI 산업 전반의 역량을 높이는 흐름이 명확히 나타나고 있습니다.

AI 시대는 데이터센터 없이는 존재할 수 없습니다. 데이터센터의 확장 속도는 곧 산업의 성장 속도이며, 이는 K-산업이 글로벌 경쟁력을 확보하는 데 중요한 동력이 될 것입니다. 국내 기업들이 추진 중인 AI 데이터센터 투자와 인프라 확장은 앞으로 한국이 AI 강국으로 도약하는 데 핵심 기반이 될 것으로 기대됩니다.

GPU 절대 강자 엔비디아, 그리고 대항마들

AI 시장의 속도는 결국 GPU 수요가 결정하고, GPU 수급의 균형이 반도체 주가의 선행 신호가 됩니다. 누가 주도권을 갖고 누가 대체재를 만들어내는지를 읽는 순간 AI 경쟁의 지형이 선명해집니다.

AI 산업의 성장 속도를 가장 직접적으로 보여주는 지표는 GPU 수요입니다. 오늘날 AI 경쟁은 결국 누가 더 많은 연산 자원을 확보할 수 있는가, 다시 말해 누가 더 많은 GPU를 안정적으로 공급받을 수 있는가의 싸움으로 흐르고 있습니다. 심지어 글로벌 빅테크 기업들의 투자 계획을 살펴보면, AI 데이터센터 확장 계획보다 먼저 언급되는 것이 GPU 수급 전략일 정도입니다.

GPU는 이제 단순한 하드웨어가 아니라 AI 산업의 성장 속도를 규정하는 '전략 자원'이 되었습니다. 모델 성능·학습 속도·서비스 확장성까지 GPU 보유량이 결정하는 구조가 굳어지면서, GPU는 기업의 기술력과 경쟁력을 평가하는 새로운 기준이 되고 있습니다. 이러한 이유로 글로벌 기업들은 GPU 확보를 곧 시장 점유율 확보와 동일한 문제로 받아들이며, 이 치열한 경쟁의 중심에 엔비디아가 자리하고 있습니다.

○── 엔비디아 GPU를 주목하는 이유

GPU는 원래 그래픽 처리를 위해 개발된 장치입니다. 수많은 픽셀을 동시에 연산해야 하는 작업에서 GPU는 탁월한 성능을 보여왔고, 이는 자연스럽게 AI 학습에 필요한 대규모 행렬 연산과 맞아떨어졌습니다. CPU가 하나의 복잡한 작업을 순차적으로 빠르게 처리하는 '만능 칩'이라고 하면, GPU는 단순 반복 연산을 수천 개의 코어로 한꺼번에 처리하는 '병렬 처리 전문 칩'이라고 할 수 있습니다.

AI 모델은 결국 수백억 개의 파라미터를 가진 거대한 수학 행렬 덩어리이기 때문에, GPU는 이 연산을 효율적으로 소화할 수 있는 최적의 구조를 가지고 있습니다. 이러한 특성이 AI 산업의 패러다임 전환과 함께 GPU의 가치를 폭발적으로 끌어올렸습니다.

이 변화를 가장 먼저 감지하고 시장을 선점한 기업이 바로 엔비디아입니다. 엔비디아는 GPU라는 하드웨어 하나로 경쟁력을 유지하는 기업이 아닙니다. 엔비디아가 가진 진정한 힘은 하드웨어와 소프트웨어, 그리고 시스템과 생태계를 모두 포괄하는 종합 플랫폼을 갖추고 있다는 데서 나옵니다.

예를 들어 엔비디아의 대표적인 AI GPU인 H100과 그 후속 모델들은 이미 많은 기업들이 사실상 표준으로 받아들이고 있습니다. 연산 속도는 물론이고, AI 학습 과정에서의 메모리 대역폭과 병렬 처리 효율을 극대화한 설계 덕분입니다.

최근 공개된 '블랙웰' 기반의 신형 GPU는 단순히 연산 속도만 빨라진 것이 아니라, 전력 사용량까지 크게 줄여 전체 운영 비용을 낮추는 방향으로 설계되었습니다. AI 인프라 운영 비용 부담이 큰 기업들에게 더욱 매력적인 선택지가 되고 있습니다.

◦— 엔비디아 vs. 비(非)엔비디아

엔비디아의 진짜 경쟁력은 이러한 하드웨어 성능 그 자체가 아닙니다. AI 생태계를 지배할 수 있는 CUDA(쿠다)* 플랫폼과, 이를 중심으로 구축된 방대한 개발 환경이 결정적인 차이를 만듭니다.

AI 개발자와 연구자들은 GPU 연산을 활용하기 위해 CUDA 기반의 툴과 라이브러리를 사용해왔고, 이는 전 세계 AI 개발을 사실상 엔비디아 중심 구조로 고착시키는 결과를 만들었습니다. 다시 말해 엔비디아 GPU를 쓰는 것이 더욱 빠르고, 안정적이고, 효율적이기 때문에 개발자들은 자연스럽게 엔비디아 생태계에 머물게 됩니다. 이러한 네트워크 효과는 단순히 새로운 GPU를 만들어낸다

> **CUDA(쿠다)**
>
> 엔비디아가 개발한 GPU 병렬 연산 플랫폼이자 소프트웨어 생태계로, AI 학습·추론, 자율주행, 시뮬레이션, 과학 계산 등 방대한 연산 작업을 GPU에서 효율적으로 수행하도록 설계되었음. 개발자들은 CUDA를 통해 GPU 하드웨어 성능을 직접 활용하는 프로그램을 작성할 수 있음

고 해서 단번에 깨뜨릴 수 있는 것이 아닙니다.

엔비디아의 영향력은 GPU 판매를 넘어 데이터센터 전체의 시스템 구조에도 상당한 영향을 미칩니다. 마이크로소프트, 아마존, 구글, 메타와 같은 글로벌 클라우드 기업들은 연간 수십억 달러 규모의 엔비디아 GPU를 구매합니다. 물론 엔비디아의 독주가 영원히 지속된다고 보는 것은 섣부른 판단일 수 있습니다. 엔비디아의 대항마들도 저마다의 강점을 가지고 있고, 각 기업이 추구하는 전략도 분명히 존재합니다.

그중에서 엔비디아를 가장 위협하는 기업은 AMD입니다. AMD는 MI300 시리즈와 같은 AI 가속기 제품군을 통해 성능 격차를 빠르게 좁혀가고 있으며, 메모리 용량 및 효율성과 같은 핵심 지표에서도 경쟁력을 확보하고 있습니다.

특히 엔비디아에 지나치게 의존하던 클라우드 기업들이 공급망 리스크를 고려해 AMD 제품을 일부 도입하기 시작하면서, AMD의 존재감은 보다 커질 가능성이 있습니다. 다만 AMD가 넘어야 할 가장 큰 산 역시 CUDA 생태계라는 점은 변함이 없습니다.

엔비디아의 직접적인 경쟁자라기보다는 다른 전략을 취하는 기업들도 있습니다. 구글은 TPU라는 자체 AI 칩을 개발해 자사 서비스에 최적화된 방식으로 활용하고 있습니다. TPU는 외부 판매보다는 내부 인프라 최적화가 목적이기 때문에, 엔비디아와 정면으로 경쟁하기보다는 구글 생태계의 효율성을 높이는 역할에 가깝습니다.

인텔의 가우디(Gaudi) 시리즈는 상대적으로 낮은 비용과 가격 대비 성능을 내세우지만, 초거대 AI 모델 학습의 핵심 영역에서는 아직 엔비디아와 큰 격차가 존재합니다. 이 밖에 중국, 일본, 유럽 등 여러 국가들이 독자적인 AI 칩 개발 프로젝트를 추진하고 있지만, 이들 역시 글로벌 데이터센터 수준에서 광범위하게 채택되기까지는 시간이 필요합니다.

○── 경쟁의 본질은 '대체 가능성'

이처럼 다양한 기업들이 AI 반도체 시장에 참여하고 있음에도, 현 시점에서 GPU 시장의 구조는 매우 단순하게 요약됩니다. 엔비디아가 절대 강자로 군림하고 있고, 다른 기업들이 각자의 강점을 앞세워 일부 영역에서 존재감을 확장해가는 형태입니다.

AI GPU 시장의 핵심은 '누가 엔비디아를 능가할 것인가'가 아니라 '누가 엔비디아 의존도를 낮출 수 있는 대체재를 확보할 것인가'에 더 가깝습니다. 시장은 여전히 엔비디아를 중심으로 움직이지만, 비(非)엔비디아 진영의 확장은 틈새 시장을 중심으로 점진적으로 확대되는 형태로 변화되고 있습니다.

구글 TPU가 바꾼 판도, TPU vs. GPU

AI 연산 구조가 바뀌기 시작하면, 그 변화는 가장 먼저 칩 선택과 데이터센터 설계에서 드러납니다. TPU의 부상은 GPU 독주 체제를 흔드는 최초의 신호이자, AI 반도체 시장이 확장되고 있다는 증거입니다.

AI 반도체 시장을 이야기할 때, 그동안 중심에는 늘 엔비디아의 GPU가 있었습니다. 그런데 구글이 내놓은 최신 모델 '제미나이3'가 엔비디아 GPU가 아닌 구글 자체 설계 칩인 TPU를 기반으로 학습·추론에 성공했다는 소식이 전해지면서 시장의 시선이 한 번에 쏠리기 시작했습니다. 제미나이3는 멀티모달 처리 능력과 추론 속도에서 전작 대비 큰 폭으로 개선된 모델로, 특히 TPU v5p 클러스터와 결합해 엔비디아 GPU 기반 학습 대비 비용 효율을 크게 끌어올렸다는 점이 주목받았습니다.

TPU는 그동안 구글 내부 서비스에 최적화된 전용 칩이라는 이미지가 강했지만, 최근 들어 그 역할과 영향력이 AI 산업 전반으로 확장되는 움직임을 보이고 있습니다. 특히 초거대 모델 시대에 비용·

전력·확장성 문제가 핵심 과제로 떠오르면서, GPU 외의 대안 구조를 찾으려는 흐름이 본격화되고 있고, 그 중심에 TPU가 다시 부상하고 있습니다.

○── 왜 구글은 TPU를 만들었을까?

표면적으로 보면 GPU와 TPU는 모두 AI 연산을 담당하는 칩입니다. 하지만 태생과 목적, 설계 철학은 크게 다릅니다.

GPU는 원래 게임 그래픽을 처리하기 위해 개발된 장치로, 수많은 픽셀을 동시에 계산하는 데 최적화된 구조를 갖고 있습니다. 이 병렬 처리 구조가 복잡한 수학 연산을 대량으로 수행해야 하는 AI 학습과 잘 맞아떨어지면서, GPU는 AI 연산뿐 아니라 이미지, 영상, 시뮬레이션, 대규모 언어모델(LLM)에 이르기까지 폭넓은 고성능 작업을 처리하는 범용 가속기로 자리 잡았습니다. 이를 뒷받침하는 소프트웨어 생태계가 매우 탄탄하다는 점도 GPU가 가진 강점입니다.

반면 TPU(Tensor Processing Unit)는 처음부터 AI 연산에만 특화된 칩으로 출발했습니다. 구글이 자사 서비스에 필요한 딥러닝 학습·추론을 더 빠르고, 더 적은 전력으로 처리하기 위해 설계한 일종의 '맞춤형 칩(ASIC)*'입니다. GPU처럼 이것저것 다 잘하

> **ASIC(Application-Specific Integrated Circuit)**
>
> 맞춤형 칩. 특정 기능이나 용도를 위해 오직 한 가지 목적만 수행하도록 설계된 전용 반도체임. 범용적으로 사용할 수 있는 CPU나 GPU와 달리, 필요한 기능만 남기고 불필요한 회로를 제거해 전력 효율·속도·비용을 극대화할 수 있다는 장점이 있음

[자료 5-2] 구글 TPU vs. 엔비디아 GPU

	구글 TPU	엔비디아 GPU
사용 목적	AI 전용: 딥러닝 모델 훈련 및 추론에 특화	다목적: AI 연산, 그래픽 작업, 게임 등
아키텍처 (칩 설계 방식)	• 딥러닝에서 많이 쓰이는 행렬 연산과 텐서 연산을 빠르게 처리하도록 설계 • 맞춤형 반도체(ASIC·특정 작업에 최적화된 전용 칩) 기반	• 병렬 처리 중심으로 설계된 엔비디아 프로그래밍 모델 쿠다(CUDA) 기반
장점	• 빠른 AI 연산 속도 • 전력 효율성 높음	• 범용성(다양한 작업 지원) • 폭넓은 호환성
단점	• 제한된 호환성 • 구글 클라우드 전용	• 전력 소모 큼 • 고성능 GPU는 가격이 비쌈

자료: 각 사 취합

는 팔방미인이라기보다는, 행렬(텐서) 연산이라는 AI의 핵심 작업에만 집중한 특화형 칩에 가깝습니다.

이 차이는 두 가지 결과를 만들어냅니다. 첫째, TPU는 특정 작업에서는 GPU보다 더 높은 효율을 보여줄 수 있습니다. 같은 AI 모델 기준으로 더 적은 전력, 더 낮은 비용으로 원하는 결과를 얻을 수 있는 경우가 많습니다. 둘째, 범용성이 떨어집니다. GPU처럼 다양한 워크로드를 소화하기에는 한계가 있고, 설계 단계에서부터 어디에 쓸지를 어느 정도 정해놓고 들어가야 합니다. 정리하자면 'GPU는 범용 연산 플랫폼이고, TPU는 특정 AI 작업에 최적화된 특화 칩이다'라고 이해할 수 있습니다.

구글이 TPU를 만들게 된 가장 큰 이유는 비용과 효율 때문입니다. AI 모델의 크기가 커지고, 서비스 이용자가 늘어날수록 GPU는 기하급수적으로 많이 필요합니다. 그런데 GPU는 가격이 비쌀 뿐 아니라 전력 소모도 엄청납니다. 전 세계 클라우드 기업들이 데이터 센터 투자 비용이 너무 빨리 불어나고 있다고 토로하는 배경에는, GPU 중심 AI 인프라가 가진 이러한 구조적인 부담이 자리하고 있습니다.

구글 입장에서 보면, 검색·유튜브·지메일·지도 서비스까지 이미 막대한 트래픽을 처리하고 있는 상황에서, 모든 AI 연산을 GPU로만 처리하는 것은 점점 부담스러운 선택이 됩니다. 이때 등장한 것이 TPU입니다.

TPU는 구글이 가장 많이 사용하는 유형의 AI 작업에 맞춰 설계되었기 때문에 동일한 일을 더 적게, 더 효율적으로 처리할 수 있습니다. 쉽게 말해 회사에 딱 맞는 AI 칩을 따로 만들자는 전략으로 탄생한 것이 TPU이고, 그렇게 만들어진 TPU를 수천 개, 수십만 개 규모로 클러스터링해 제미나이3 같은 초거대 모델을 돌리는 데 성공한 것입니다.

이 과정에서 중요한 점은, TPU가 GPU를 완전히 대체하기 위해 만들어진 것이 아니라는 점입니다. GPU로 쌓아온 수년간의 연구·데이터·프레임워크를 바탕으로 가장 효율적인 부분에 TPU를 집어넣어 부담을 줄이는 전략에 가깝습니다. 실제로 구글 내부의 수많은 AI 연구와 최적화 기법은 오랜 기간 엔비디아 GPU 위에서 쌓아왔고, TPU는 그 결과물을 바탕으로 더 특화된 효율을 뽑아내는 역할을 하고 있습니다.

◦── TPU 시대의 진짜 수혜자

TPU의 부상은 AI 칩 시장의 지형만 바꾸는 것이 아니라, 메모리 반도체 시장에도 중요한 변화를 가져오고 있습니다. 구글 TPU 한 개에는 통상 6~8개의 HBM이 탑재되는 것으로 알려져 있습니다. GPU 기반 AI 서버에 이미 막대한 HBM 수요가 발생하고 있는 상황에서, TPU가 본격적으로 확산되면 HBM은 또 하나의 강력한 수요원을 확보하게 됩니다.

여기서 주목해야 할 점은, TPU 생태계의 HBM 공급이 사실상 한국 업체들의 양강 구도로 굳어지고 있다는 사실입니다. 현재 TPU용 HBM은 절반 이상을 SK하이닉스가 공급하고 있지만, 2026년까지 생산량이 이미 상당 부분 소진된 것으로 알려지며 공급 여력이 빠르게 줄어들고 있습니다. 이 때문에 TPU가 대량 생산 국면에 들어서면 추가 물량은 자연스럽게 삼성전자에게 향할 가능성이 높습니다.

또한 TPU와 같은 맞춤형 칩(ASIC)이 늘어날수록 파운드리 시장의 역할도 더욱 중요해지고 있습니다. TSMC가 이미 풀 가동 상태에 가까운 상황에서, 삼성전자의 첨단 공정 파운드리 라인이 기타 AI 칩 생산의 새로운 선택지가 될 수 있다는 전망도 조심스럽게 제기되고 있습니다. TPU의 확대는 엔비디아에게는 부담과 자극을 줄 수 있지만, 한국 입장에서는 메모리와 파운드리 양쪽에서 기회가 생기는 구조가 만들어지고 있습니다.

○── AI 반도체 시장 확장의 신호탄

투자자의 관점에서 중요한 질문은 'TPU가 GPU를 이기느냐'가 아닙니다. 이러한 변화 속에서 '어떤 기업이 어떤 공급망을 장악하고 있는가'를 보는 것이 더 중요합니다. 그런 관점에서 구글의 TPU 부상은 엔비디아의 몰락을 뜻하는 것이 아니라 GPU 한 회사가 거의 혼자 키워오던 AI 반도체 시장에 새로운 성장 축이 더해지고 있음을 보여주는 신호탄에 가깝습니다.

TPU의 확대는 곧 AI 반도체 생태계가 단일 기술에 종속되는 구조에서 벗어나, 다양한 아키텍처와 기업들이 공존하는 다극화 국면으로 진입하고 있음을 의미합니다. 이는 메모리·파운드리·패키징까지 공급망 전반에 새로운 고객과 수요원을 추가하는 효과를 만들며, AI 반도체 시장이 앞으로 더 넓고 구조적으로 성장할 것임을 시사합니다.

AI 게임체인저 '유리기판'의
주도권 경쟁

.... ─────────── ....

AI 칩이 대형화될수록 병목은 설계가 아니라 기판에서 먼저 드러나며, 기술 전환의 신호도 그 자리에서 시작됩니다. 유리기판 경쟁은 패키징 혁신을 넘어 AI 서버 구조 자체를 바꾸는 흐름의 출발점입니다.

AI 서버와 데이터센터에 들어가는 칩은 갈수록 크고, 뜨겁고, 복잡해지고 있습니다. 이제는 단순히 칩만 잘 만든다고 해서 해결되는 시대가 아닙니다. 칩이 올라앉는 기판이 열과 휨을 버텨주지 못하면 성능도, 신뢰성도, 수율도 모두 흔들리기 때문입니다. 특히 GPU·HBM 적층 구조가 고도화될수록 패키지 전체에 가해지는 물리적 스트레스는 기하급수적으로 커지고 있어, 기판의 물성·안정성은 시스템 품질을 결정하는 핵심 변수가 되었습니다.

이 흐름 속에서 유리기판은 기존 플라스틱 기반 유기기판의 한계를 넘어서는 게임체인저 후보로 주목받고 있습니다. 유리는 대면적 패키지에서도 뒤틀림·변형이 적고, 고속 신호 손실을 크게 줄일 수 있어 차세대 AI 패키징의 핵심 대안으로 부상하고 있습니다. 그리고 이 시장을 두고 삼성·SK·LG, 그리고 글로벌 기판·장비 업체들이 치열한 주도권 경쟁에 들어가고 있습니다.

○── AI 시대, '반도체 기판'의 중요성

불과 몇 년 전만 해도 반도체 기판은 칩을 지지하고, 전기 신호를 위아래로 전달해주는 물리적 플랫폼 정도로 활용되었습니다. 하지만 생성형 AI 확산 이후 상황은 완전히 달라졌습니다. AI 칩이 처리해야 하는 연산 부담이 과거와 비교할 수 없을 만큼 증가했고, 이에 따라 칩 자체의 면적과 패키지 크기 역시 빠르게 대형화되고 있기 때문입니다.

문제는 칩이 커질수록 온도 변화에 따른 팽창·수축, 즉 열응력(thermal stress)과 휨(warpage) 현상이 더 심해진다는 점입니다. 특히 AI 가속기처럼 수백 와트 이상의 전력을 사용하는 칩은 발열이 극심하기 때문에 기판이 열과 기계적 변형을 버티지 못하면 신호 지연, 미세 배선 단선, 접합부 크랙 등 각종 문제가 잇따라 발생할 수 있습니다.

여기에 데이터센터 운영 비용이 기업과 국가의 핵심 과제로 떠오르면서 '같은 연산을 수행하더라도 얼마나 적은 전력을 쓰느냐, 얼마나 안정적으로 장시간 구동할 수 있느냐'가 투자 효율을 결정하는 요소가 되었습니다.

이 과정에서 기판은 단순한 받침대가 아니라, 전력 손실을 줄이고 고속 신호를 안정적으로 전달하며, 열을 효과적으로 분산시키는 시스템 차원의 핵심 인프라로 자리 잡고 있습니다. 이러한 흐름 속에서 기존 유기기판의 한계를 보완할 수 있는 새로운 해법으로 유리기판이 주목받고 있습니다.

○── AI 칩 첨단화에 주목받는 유리기판

유리기판은 말 그대로 반도체 패키지*의 코어층을 기존 플라스틱 기반 유기 소재 대신 유리로 대체한 기판입니다. 겉으로 보기에는 여전히 반도체 패키지에서 흔히 볼 수 있는 직사각형의 얇은 판처럼 보일 수 있지만, 내부에서 발휘되는 유리기판의 물리적·전기적 특성은 기존 기판과는 본질적으로 다릅니다.

> **반도체 패키지(Semiconductor Package)**
> 웨이퍼에서 만들어진 칩(Die)을 보호하고 전기적으로 외부와 연결하는 구조물임. 칩을 외부 충격·열·습기로부터 안전하게 감싸는 동시에, 수많은 미세 전극을 기판·메인보드와 연결해 전류가 흐르고 연산이 가능하도록 만드는 역할을 함

유리는 온도 변화에 따른 팽창과 수축이 크지 않아, 고온 환경에서도 형태를 잘 유지합니다. 패키지 면적이 커질수록 기판이 뒤틀리고 휘는 문제가 자주 발생하는데, 유리기판은 이러한 대면적 패키징의 취약점을 효과적으로 보완할 수 있습니다. GPU·HBM을 여러 층으로 적층하는 AI 가속기 구조에서는 이러한 점이 특히 강하게 부각됩니다.

전기적 특성에서도 유리기판은 유기기판과 차별화됩니다. 유리는

[자료 5-3] 유기 소재 기판과 유리 기판 구조 비교

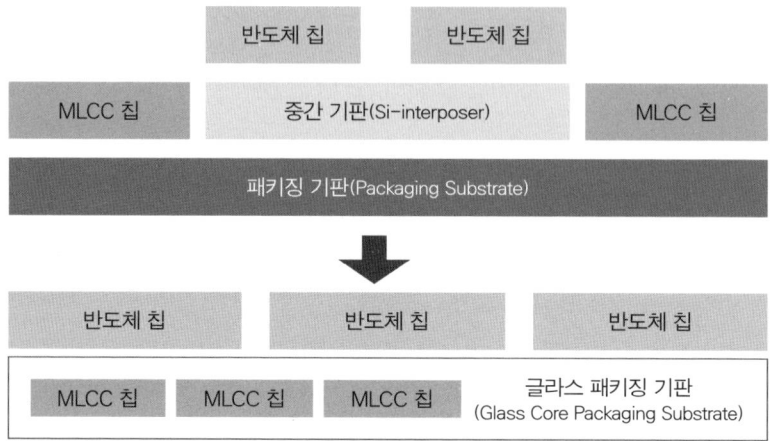

자료: SKC, 앱솔릭스

절연성이 높고 전기적 신호 손실이 적은 소재이기 때문에 AI 환경에서 안정적이고 빠른 데이터 전송이 가능합니다. 표면이 매끄럽다는 물성 덕분에 미세 패턴을 더욱 정밀하게 구현할 수 있고, 이는 곧 신호 지연과 손실을 줄이는 방향으로 이어집니다.

유리기판이 이론적으로 매력적인 만큼, 양산 관점에서는 아직 넘어야 할 산이 많습니다. 그래서 실무 현장에서는 유리기판의 잠재력은 좋지만, 상용화까지의 검증이 더 필요하다는 신중론도 동시에 존재합니다.

가장 먼저 거론되는 문제는 '가공 공정의 난이도'입니다. 유리는 단단한 동시에 깨지기 쉬운 소재이기 때문에, 원판을 절단해 기판 형태로 만드는 싱귤레이션 단계나 유리 내부에 미세 전극 구멍을 뚫

는 TGV(Through-Glass Via) 공정에서 결함이 발생하기 쉽습니다. 이 과정에서 생긴 미세 균열이나 파티클은 기판 전체를 불량으로 만들 수 있어 수율 관리가 유기기판보다 훨씬 까다롭습니다.

여기에 더해 유리기판은 기존 유기기판과 소재·장비·공정 체계가 거의 전면적으로 다르다는 점도 고민을 키우는 요소입니다. TGV를 위한 정밀 레이저 장비, 고밀도 배선을 위한 금속 증착 장비, 유리 특성에 맞는 세정·검사 장비 등 새로운 인프라 투자가 필수적입니다. 이는 막대한 개발비와 설비투자 부담으로 이어지고, 시장의 명확한 수요가 아직 형성되지 않은 상황에서 기업에는 상당한 리스크가 될 수 있습니다.

○── 삼성·SK·LG의 유리기판 선점전

그럼에도 불구하고 국내에서는 삼성·SK·LG를 중심으로 유리기판을 둘러싼 주도권 경쟁이 이미 본격화되고 있습니다. 각 그룹은 역할을 분담해 기술 개발, 시생산, 양산 준비, 고객사 확보까지 서로 다른 전략을 취하고 있습니다.

먼저 삼성전기는 그룹 내에서 유리기판 사업의 선봉을 맡고 있습니다. 세종사업장에 유리기판 파일럿 라인을 구축해 시생산을 시작했고, 북미 빅테크를 포함한 글로벌 고객사에 샘플을 제공하며 실제 적용 가능성을 테스트하고 있습니다.

특히 삼성전기는 일본 스미토모화학그룹과 합작법인 설립을 추진하면서, 유리기판의 핵심 소재인 글라스 코어를 자체적으로 생산·공급할 수 있는 체제를 구축하려 하고 있습니다. 이는 단순 기판 가공을 넘어 소재 단계부터 수직 계열화를 강화하겠다는 전략으로, 향후 가격 경쟁력과 품질 안정성을 동시에 확보할 수 있는 기반을 마련하려는 움직임으로 해석할 수 있습니다. 삼성전기는 2027년 전후를 본격 양산 시점으로 설정하며, AI용 고부가 패키지 시장에서 주도권을 확보하겠다는 목표를 분명히 하고 있습니다.

SK 그룹에서는 SKC의 자회사인 앱솔릭스(Absolics)가 유리기판 사업의 중심에 서 있습니다. 앱솔릭스는 미국 조지아주에 유리기판 생산 거점을 구축하고, 세계 최초 수준의 양산 라인을 가동할 준비를 앞두고 있습니다. AMD, AWS 등 글로벌 고객사와 샘플 테스트와 퀄 테스트를 진행 중이며, 생산량을 늘리는 램프업 계획도 추진하고 있습니다.

다만 2단계 대규모 증설과 관련해서는 실제 수요와 투자 여력을 감안해 설비투자를 다시 검토하는 움직임도 감지됩니다. 이는 유리기판이 유망한 사업이긴 하지만, 장기간에 걸친 투자와 수요 검증이 필요한 영역이라는 점을 단적으로 보여줍니다.

LG이노텍 역시 구미 공장에 유리기판 시생산 라인을 구축하고, 2028년 전후 양산을 목표로 기술력을 축적해 나가고 있습니다. 카메라 모듈과 기판 사업에서 이미 고난도 미세 가공 역량을 축적해 온 만큼, 이를 유리기판으로 확장하는 전략을 구사하고 있습니다. LG이노텍은 고객사와의 협의를 통해 애플 등 글로벌 IT 기업의 고성능 패키지 수요를 선제적으로 포착하려는 움직임을 보이고 있습니다.

기판 전체 시장은 전통적인 유기기판을 포함해 이미 수십조 원 규모에 달하며, 유리기판이 차지할 비중은 초기에는 크지 않을 가능성이 높습니다. 그럼에도 삼성·SK·LG가 적극적으로 뛰어드는 것은 AI 고성능 패키지의 최상단, 즉 가장 높은 부가가치가 형성되는 영역을 선점하려는 전략적 판단에 가깝습니다. 이는 단순한 신사업 진출을 넘어 미래 시장의 구조를 미리 점유하는 장기적 투자로 해석할 수 있습니다.

○── 소재·장비 기업에게도 새로운 기회

그렇다면 유리기판을 둘러싼 경쟁 구도는 한국의 반도체·기판·장비 산업에 어떤 의미를 갖게 될까요? 가장 먼저 떠올릴 수 있는 지점은, 우리 산업이 메모리와 파운드리에 이어 패키지·기판 영역에서도 프리미엄 시장을 선점할 수 있는 기회가 열리고 있다는 점입니다.

이미 한국은 HBM을 중심으로 글로벌 AI 인프라 공급망에서 핵심 축으로 자리 잡았습니다. 만약 여기에 고성능 기판까지 더해진다면, AI 반도체 밸류체인 안에서 부가가치가 높은 영역을 두 곳 이상 확보하는 구조가 만들어지는 셈입니다. 이는 단순한 생산기지로서의 역할을 넘어 기술 주도권을 가진 플레이어로의 확장이 가능하다는 뜻입니다.

또 하나 눈여겨볼 부분은, 유리기판이 디스플레이·소재·장비 기업들까지 아우르는 확장형 시장이라는 점입니다. 유리 소재 가공, TGV 레이저 드릴링, ALD·증착 장비, 세정·검사 공정 등 유리 특성에 맞는 기술이 필요하기 때문에 기존 디스플레이 공급망에 있던 기업들이 자연스럽게 이 시장으로 넘어올 수 있는 구조가 형성되고 있습니다.

실제로 우리나라의 일부 장비·소재 업체들은 이미 유리기판용 레이저 TGV 장비, 메탈 증착 장비, 세정·검사 장비 등을 개발하며 글로벌 고객사를 대상으로 테스트를 진행하고 있습니다. 국내 반도체 밸류체인의 범위가 넓어지면서 새로운 성장 기회가 열리고 있는 셈입니다.

○── 'AI 슈퍼칩'의 완성까지

AI 시대의 반도체 경쟁은 이제 칩 위의 회로 설계만으로는 설명되지 않습니다. 칩 아래에 깔리는 기판, 그 기판의 핵심 소재로 쓰이는 유리, 그리고 그 유리를 깎고 가공하며 미세 구조를 형성하는 각종 장비까지 이 모든 요소가 하나의 통합 시스템처럼 맞물려야 비로소 우리가 말하는 'AI 슈퍼칩'이 완성됩니다.

유리기판은 바로 그 중심에서 역할을 기대 받는 기술입니다. 아직은 대규모 양산보다 실험과 검증 단계에 머물러 있지만, 성공적으로 상용화에 도달한다면 AI 반도체 패키징의 전반적인 구조를 뒤바꿀

잠재력을 가진 기술임은 분명합니다. 투자 관점에서도 유리기판을 단기 테마처럼 접근하기보다는 AI 반도체 밸류체인 안에서 구조적으로 의미 있는 요소로 바라보고, 각 기업의 기술 진척도와 고객사 확보 여부를 꾸준히 확인해나가는 접근이 더 합리적일 것입니다.

떠오르고 있는
국내 AI 반도체 팹리스 기업

AI 시대의 경쟁력은 학습 능력이 아니라 칩을 설계할 수 있는 국가인지에서 갈립니다. 국산 AI 칩의 등장은 단순한 스타트업 성장 스토리가 아니라, 한국의 AI 주권을 결정하는 구조적 변화입니다.

뉴스에서 'AI 주권' '소버린 AI'라는 표현이 자주 등장합니다. 다소 거창하게 들리지만, 핵심은 의외로 단순합니다. 인공지능이 앞으로 경제·안보·산업 전반을 좌우하게 될 텐데, 어느 한 부분이라도 특정 국가·기업에 과도하게 의존하면 기술·정책 변화에 따라 공급망 리스크가 즉시 현실화될 수 있다는 뜻입니다.

AI 반도체는 그중에서도 가장 민감한 영역으로, 학습·추론 인프라의 성능과 확장성을 좌우하는 핵심 자산입니다. 이 때문에 각국은 외부 의존도를 낮추고 자체 AI 칩 생태계를 구축하려는 흐름을 강화하며 새로운 기술 패권 경쟁에 돌입하고 있습니다.

○── 왜 GPU만으로는 충분하지 않은가?

AI 반도체라고 하면 대부분 엔비디아 GPU부터 떠올립니다. 실제로 생성형 AI 붐을 촉발한 모델 상당수는 엔비디아 GPU 위에서 학습되었고, 지금도 많은 기업들이 GPU 서버 확보를 위해 치열한 경쟁을 벌이고 있습니다. 그렇다면 '이렇게 잘 돌아가는 GPU만 계속 쓰면 되는 것 아닐까' 하는 의문이 생길 수 있습니다.

문제는 학습용 인프라와 서비스용 인프라, 즉 추론 환경에서 요구되는 조건이 다르다는 점입니다. 예를 들어 이미 학습이 끝난 언어모델을 수천만 명이 동시에 사용하는 메신저, 검색, 쇼핑 서비스에 적용한다고 가정해보겠습니다. 이때 각 사용자의 요청을 빠르게 처리해 답을 돌려주는 것은 '추론*' 작업입니다.

> **추론(Inference)**
> 반도체에서의 학습(Training)이 AI 모델을 만드는 과정이라면, 추론은 그렇게 만들어진 모델을 실제 서비스나 애플리케이션에서 실행하는 단계임. GPU·TPU·ASIC 등 추론 특화 반도체의 성능 경쟁이 가장 치열하게 벌어지는 영역으로, 지연 시간과 전력 효율이 특히 중요한 과정이기도 함

GPU는 그래픽·과학 연산·AI 학습 등 다양한 용도에 쓸 수 있는 범용 가속기입니다. 바로 이 범용성이 장점인 동시에, 특정 업무에서는 과도한 자원 낭비로 이어질 수 있습니다. 이 지점에서 NPU와 같은 특화형 AI 칩이 의미를 갖습니다. NPU는 애초에 신경망 연산, 특히 딥러닝 모델의 추론 단계에 최적화되도록 설계된 칩입니다.

AI 서비스가 연구실 단계를 지나 실제 비즈니스로 확산될수록, 전

력 효율과 비용 구조를 개선할 수 있는 NPU의 존재감은 더 커질 수밖에 없습니다. 한국산 NPU에 대한 관심이 국내외에서 동시에 높아지는 이유도 바로 여기에 있습니다.

한국형 AI 칩 허브의 탄생

국내 AI 반도체 생태계에서 가장 큰 변화는 리벨리온과 사피온이 합병을 선택하며 단일 통합법인으로 재편된 것입니다. 두 기업은 그동안 각자 AI 추론용 NPU를 개발해왔지만, 글로벌 시장 경쟁이 본격화된 시점에 기술력과 개발 속도를 동시에 확보하기 위해 전략적 결정을 내렸습니다.

리벨리온은 1세대 NPU '아톰'을 KT 클라우드에 실제 공급하며 기술의 실사용 레퍼런스를 확보했고, 현재는 삼성전자 4나노 공정과 HBM3E를 결합한 차세대 칩 '리벨'로 LLM 추론 시장 정면 공략에 나서고 있습니다. 사피온 역시 X220·X330을 통해 방송·클라우드·자율주행 등에서 성능을 증명해왔으며, 향후 HBM3E 기반 고성능 칩(X430)으로 경쟁력을 높일 계획입니다.

두 회사의 통합은 단순한 기업 결합의 차원을 넘어 국내 스타트업으로서는 드물게 200명 이상 규모의 대형 R&D 조직을 갖추는 계기가 됩니다. AI 반도체는 설계 난도가 워낙 높기 때문에 '우수한 엔지니어의 확보'가 곧 경쟁력인데, 이 통합법인은 인력·노하우·설계 경험을 동시에 끌어모아 개발 속도에서 뚜렷한 우위를 확보할 가능성이 커졌습니다.

협력 네트워크도 한층 견고해졌습니다. 리벨리온은 삼성전자 파운드리·HBM3E와, 사피온은 SK하이닉스의 메모리·패키징 기술과 각각 협업을 이어왔는데, 통합 이후에는 양사의 관계망이 자연스럽게 결합되며 국내 AI 인프라 전반을 연결하는 '허브' 역할을 수행할 수 있는 기반이 마련됩니다. 투자 관점에서도 통합법인의 기업가치는 2조 원 이상으로 평가되며, 한국에서 처음으로 의미 있는 규모의 AI 반도체 플레이어가 등장했다는 점에서 상징성이 큽니다.

◦── 나스닥 향하는 NPU 플레이어

리벨리온·사피온이 국내 생태계와의 연계를 강화하며 통합의 길을 택했다면, 퓨리오사AI는 보다 독립적인 글로벌 행보를 선택하고 있습니다. 퓨리오사AI는 2017년 설립된 NPU 전문 팹리스로, 1세대 칩 '워보이'를 통해 카카오·네이버 클라우드 등에서 실제 서비스 테스트를 진행하며 이름을 알렸습니다. 이후 2세대 칩 '레니게이드'를 공개해, 엔비디아의 특정 GPU와 비교했을 때 전력 대비 성능에서 우위에 있다는 점을 부각했습니다.

퓨리오사AI는 기업가치 1조 원을 넘기며 유니콘 반열에 올랐고, 나스닥 상장을 검토하며 글로벌 자본시장으로 발걸음을 옮기고 있습니다. 미국 투자은행을 자문사로 선정해 대규모 해외 자금 유치를 추진하는 한편, 중동의 아람코와 협력해 현지 데이터센터 적용을 논의하는 등 시장을 국내에 한정하지 않는 전략을 취하고 있습니다.

여기서 흥미로운 점은, 리벨리온·사피온 통합 논의 과정에서 퓨리오사AI 역시 합병 제안을 받았지만 시너지와 전략 방향 측면에서 독자 노선이 더 낫다는 결론을 내리고 과감히 단독 행보를 택했다는 점입니다. 투자자 입장에서 보면, 퓨리오사는 글로벌 기술 경쟁력과 나스닥 상장, 해외 고객사 확보를 축으로 성장하는 스토리를 가진 셈입니다.

국내 AI 반도체 생태계는 하나의 리벨리온·사피온 통합법인이 중심을 이루고, 그 옆에서 퓨리오사AI가 글로벌 시장을 겨냥한 독립 플레이어로 움직이는 '투 트랙 구도'로 정리되는 흐름입니다. 각각의 리스크와 기회가 다르기 때문에, 단순 비교를 하기 보다는 각 회사가 어떤 시장을 어디까지 겨냥하고 있는지 기술 로드맵과 자본 전략을 함께 보는 것이 필요합니다.

○── 한국형 AI 주권과 국산 AI 칩의 의미

AI 시장에서 한국의 현재 위치는 다소 불균형적입니다. 메모리 반도체만 놓고 보면 한국은 세계에서 가장 강한 국가이지만, 정작 AI 모델을 돌리는 연산 칩 분야에서는 여전히 해외 기업 의존도가 절대적입니다. 대부분의 학습·추론 인프라가 엔비디아 칩 기반이고, 미국·중국 기업들이 자체 AI 칩을 속속 내놓으며 시장을 선점하고 있습니다.

국산 AI 반도체, 특히 NPU와 같은 특화형 AI 칩은 단순한 스타트업의 사업 아이템을 넘어 한국이 AI 시대에 어느 정도의 자립성과 협상력을 갖춘 국가로 남을 수 있는지를 가르는 전략 자산으로 평가되고 있습니다. 메모리와 파운드리, 패키지에 이어 연산 칩까지 국내에서 설계·생산·운영 레퍼런스를 확보한다면, 한국은 메모리 강국을 넘어 'AI 인프라 강국'으로 도약할 수 있을 것입니다.

Semiconductor Investment strategy map

CHAPTER 6

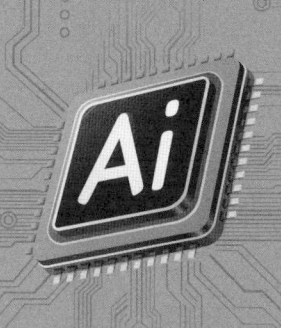

반도체 국내 소부장 밸류체인 투자 지도

AI 시대의 진짜 경쟁력은 소부장에 있다

AI 시대의 반도체 산업은 이제 완제품만으로 설명되지 않습니다. 눈앞에 보이는 메모리·파운드리의 경쟁력 뒤에는 수백 개의 소재, 수천 개의 부품, 그리고 초정밀 장비가 얽혀 있는 거대한 공급망이 존재합니다. 이 보이지 않는 기술의 층위가 반도체 성능을 결정하고, 수율을 좌우하며, 산업 경쟁력의 방향을 제어합니다. 소부장은 더 이상 '부속품'이 아니라 한국 반도체 산업을 지탱하는 기초 체계이자, 다음 10년의 성장 동력을 결정할 핵심 축으로 자리 잡고 있습니다.

2019년 일본의 수출 규제는 한국 반도체 산업이 어떤 고리를 취약한 지점으로 두고 있었는지를 분명하게 드러낸 사건이었습니다. 불화수소·포토레지스트·플루오린 폴리이미드 같은 기초 소재가 흔들리자, 글로벌 1위 메모리 국가도 순식간에 멈출 수 있다는 사실이 드러났습니다. 그 이후 한국의 소부장 전략은 완전히 다른 국면으로 진입했습니다. 국산화, 공급망 다변화, 정부 지원 확대가 동시에 전개되며, '소부장 자체 기술력'이 국가 전략의 중심축으로 올라온 것입니다.

AI 반도체 시대는 이 변화를 더욱 가속시키고 있습니다. HBM 패키징, TSV 정밀도, FC-BGA 기판, 초미세 EUV 공정, 고순도 케미컬 등 모든 기술의 수준이 과거보다 몇 단계 높아졌습니다. 첨단 공정은 장비·소재·부품의 완성도를 동시에 요구하고, 어느 하나라도 부족하면 생산 자체가 멈춥니다. 동시에 글로벌 공급망 재편은 한국 소부장 기업에 새로운 기회를 열어주고 있습니다. 미국·일본·유럽은 공급처 다변화를, 중국은 내재화를 추진하며 한국 기업들의 기술력이 글로벌 무대에서 더욱 주목받고 있습니다.

이처럼 초미세화, 첨단 패키징, 글로벌 공급망 재편이라는 세 가지 변화가 겹치며 소부장은 더 이상 '조연'이 아닙니다. 반도체의 성능과 생산성을 가르는 기술적 심장부이고, 국가 경쟁력의 미래를 책임지는 전략 산업입니다. 다음 10년 반도체 경쟁의 우열은 완제품이 아니라 소부장에서 결정될 것이라는 평가가 나오는 이유가 여기에 있습니다.

소부장은 단순 부속품이 아닌 미래 성장 엔진

소부장을 알아야 반도체 투자 방향이 또렷해집니다. 소부장은 반도체 산업의 뒤편에 있지만 흐름은 이곳부터 움직입니다. 기반 기술이 빨라야 경쟁력이 생기고, 시장의 전환도 이 지점에서 시작됩니다.

한국의 반도체 산업은 메모리 세계 1위를 넘어 글로벌 공급망의 핵심 위치로 성장해왔습니다. 그러나 이 성과의 이면에는 상대적으로 덜 주목받았던 산업이 하나 있습니다. 바로 반도체 소부장(소재·부품·장비)입니다.

흔히 메모리나 파운드리 같은 완제품 중심의 산업 구조를 떠올리기 쉽지만, 실제로 반도체의 경쟁력은 기초 공정과 재료, 설비 기술이 모여 형성됩니다. 소부장은 반도체 성능 향상과 생산 효율을 실질적으로 끌어올리는 기술적 토대이자, 향후 산업 경쟁력의 우열을 가르는 핵심 동력으로 자리 잡고 있습니다.

○── 일본의 수출 규제가 남긴 소부장 국산화

2019년 일본은 불화수소, 포토레지스트, 플루오린 폴리이미드 등 핵심 반도체 소재에 대해 한국에 대한 수출 규제를 단행했습니다. 이 사건은 한국 반도체 산업의 가장 취약한 고리가 소부장 공급망에 있다는 사실을 극명하게 보여준 계기였습니다.

당시 삼성전자와 SK하이닉스는 단기간에 대체 공급원을 찾아야 했고, 일부 소재는 사실상 일본 기업이 글로벌 공급의 대부분을 담당하고 있었습니다. 이때 한국 정부와 기업들이 진행한 대응은 향후 한국 소부장 산업의 큰 전환점이 되었습니다.

당시의 대응은 크게 세 가지였습니다. 첫째, 국산화 가속화입니다. 국내 기업들이 불화수소, 포토레지스트 등 핵심 소재의 국산 생산라인을 확대했고, 삼성전자와 SK하이닉스는 품질·신뢰성 검증 절차를 빠르게 진행해 일부 품목은 국산화에 성공했습니다. 둘째, 공급망 다변화입니다. 일본 의존도를 낮추기 위해 유럽·미국·대만 소재 기업들과 협력을 확대했습니다. 셋째, 정부 차원의 지원 강화입니다. 소부장 전문기업에 대한 특별법 제정과 세제 혜택, 금융 지원 등이 본격화되며 산업 육성 기조가 자리 잡았습니다.

이 경험 이후 한국의 소부장 전략은 자체 기술력 확보와 글로벌 밸류체인 참여 확대로 방향성이 바뀌었습니다. 이는 AI 시대를 맞아 소재·부품·장비 경쟁력이 국가 경쟁력과 직결된다는 점을 명확히 확인한 사례였습니다.

○── AI 시대, 왜 소부장이 성장 엔진이 되는가?

AI 반도체 시대는 기존 공정 대비 훨씬 복잡한 기술적 요구를 제시합니다. HBM 패키징 공정에서 TSV*의 정밀도, 기판 기술(FC-BGA), 고순도 화학소재, 리소그래피 감광액 등 기초 기술의 중요성은 더욱 커졌습니다. 이는 소부장이 단순 공급 산업이 아니라 AI 시대의 핵심 기술 산업으로 격상되고 있음을 의미합니다.

반도체 소부장 산업의 성장성은 최근 기술 트렌드 변화와 공급망 재편 흐름이 맞물리면서 더욱 힘을 얻고 있습니다. HBM4와 같은 차세대 메모리 기술이 본격적으로 도입되면서 패키징 기술의 난도는 과거보다 훨씬 높아졌습니다.

16단 적층 구조와 고난도의 TSV(수직 연결) 공정은 기판, 범핑, 테스트 소켓 등 다양한 소부장 분야의 기술적 완성도를 요구합니다. 이 과정에서 관련 기업들의 수요는 자연스럽게 확대되고 있으며, 기술력의 우위가 기업 경쟁력의 핵심 요소로 자리 잡고 있습니다.

> **TSV(Through-Silicon Via)**
> 수직 연결 비아. 칩을 위로 여러 층 적층할 때 실리콘 웨이퍼를 수직으로 관통해 신호를 전달하는 전기 통로를 말함. 기존 와이어 방식과 달리 층간을 직접 연결해 속도와 전력 효율을 크게 높이고, 특히 HBM과 같은 3D 적층 메모리에서 필수 기술로 사용됨

또한 반도체 공정이 2nm, 1.4nm와 같은 초미세 단계로 진입하면서 장비와 소재의 비중은 더욱 커지고 있습니다. EUV 노광 장비뿐 아니라 세정·식각 같은 주변 장비들도 성능 요건이 급격히 높아지

고 있으며, 공정을 안정적으로 유지해주는 화학소재는 제품 품질을 결정짓는 핵심 변수로 떠오르고 있습니다. 반도체 제조 기술이 정밀해질수록 장비·소재의 역할은 더욱 결정적이 됩니다.

여기에 글로벌 공급망 재편 흐름은 한국 소부장 기업들에게 또 다른 기회를 제공합니다. 미국과 일본, 유럽은 반도체 공급망을 분산하려는 전략을 가속화하고 있고, 중국은 자급률 확대를 위해 공격적인 투자를 진행하고 있습니다. 이러한 변화 속에서 한국 소부장 기업들은 글로벌 파운드리와 메모리 기업들과의 협력을 강화하며 시장에서의 존재감을 넓혀가고 있습니다.

이처럼 첨단 패키징 수요 확대, 초미세 공정 확산, 글로벌 공급망 재편이라는 변화들이 동시에 일어나면서 소부장은 더 이상 단순한 부속 산업이 아니라 반도체 생태계의 기술 경쟁력을 뒷받침하는 핵심 성장 분야로 자리 잡고 있습니다. "앞으로 10년 동안 반도체 산업의 경쟁 구도를 결정짓는 중심축이 소부장에 있다"는 평가가 나오는 이유도 여기에 있습니다.

○── 더 이상 '조연'이 아닌 한국의 소부장

소부장은 단순한 부품 공급 산업이 아닙니다. 소부장은 반도체 경쟁력의 바탕이 되고, 산업 전반의 안정성을 떠받치는 핵심 기반입니다. 일본 수출 규제 이후 한국이 소부장의 중요성을 더욱 절감했다면, AI 시대의 도래는 소부장이 곧 국가 반도체 전략의 중심에 놓인 분야임을 다시 한번 분명하게 보여주는 계기였습니다.

반도체 산업의 미래는 단일 기업이나 단일 기술에 의해 결정되지 않습니다. 탄탄한 소부장 생태계를 기반으로 한 기술 혁신과 공급망 안정화가 그 나라의 반도체 경쟁력을 결정합니다. 이런 관점에서 소부장은 한국 반도체 산업이 다음 10년, 20년을 향해 나아갈 수 있는 가장 중요한 성장 엔진입니다.

소재:
성능을 결정하는 숨은 기술력

반도체 경쟁력의 출발점은 언제나 가장 밑단에 있는 '소재'에서 먼저 드러납니다. 미세화·고적층 시대가 깊어질수록 성능과 수율을 가르는 힘은 장비나 완제품이 아니라 기초소재의 정밀도에서 나옵니다.

반도체 경쟁력의 출발점은 언제나 가장 밑단에 있는 '소재'에서 먼저 드러납니다. 미세화·고적층 시대가 깊어질수록 성능과 수율을 가르는 힘은 장비나 완제품이 아니라 기초소재의 정밀도에서 나옵니다.

반도체의 성능과 수율, 그리고 장기적인 경쟁력을 결정하는 핵심 요소는 상당 부분 '소재'에서 비롯됩니다. 제조 공정의 정밀도, 미세화 공정의 한계, AI 시대에 요구되는 고성능 메모리 구현은 모두 소재 기술 없이는 성립할 수 없습니다. 그렇다면 왜 지금 '소재'를 바라봐야 하는지, 그리고 어떤 기업들이 중요한 위치에 있는지 차례대로 살펴보겠습니다.

○── '반도체 소재'가 반도체 성능의 출발점

반도체는 수백 개의 공정이 정밀하게 이어지는 산업입니다. 반도체 종류(메모리/비메모리), 공정 노드*(5nm/3nm), 회사별 공정 체계에 따라 수가 달라지기 때문입니다. 각 공정 단계마다 사용되는 소재의 품질은 곧 성능과 수율을 결정합니다.

예를 들어 EUV(극자외선) 공정은 빛을 활용해 회로를 새기는 가장 미세한 단계인데, 여기에 사용되는 포토레지스트(PR)의 품질이 떨어지면 회로 형성이 제대로 되지 않고, 불량률이 급격히 올라갑니다. 또한 불순물이 극소량만 섞여도 회로가 손상되는 초미세 공정에서는 고순도 가스와 특수 화학소재가 공정의 안정성을 좌우합니다.

> **공정 노드(Process Node)**
>
> 반도체 회로의 선폭(미세화 수준)을 나타내는 지표로, 5nm·3nm처럼 숫자가 작을수록 더 미세하고 높은 성능을 구현할 수 있는 공정을 의미함. 노드가 줄어들수록 전력 효율은 좋아지고 칩 성능은 향상되지만, 공정 난이도와 제조 비용은 기하급수적으로 증가함

결국 '어떤 소재를 쓰느냐'가 그 기업의 칩이 어떤 성능을 내느냐를 결정합니다. 이는 마치 아무리 훌륭한 레시피를 가지고 있어도, 재료가 좋지 않으면 맛의 퀄리티가 떨어지는 것과 같은 원리입니다. 반도체 기업들 입장에서 소재는 단순한 소모품이 아니라 제품 경쟁력과 직결된 전략적 자산인 것입니다.

○── AI 시대에 커지는 반도체 소재의 중요성

　AI 확산은 반도체 소재 산업의 역할을 그 어느 때보다 크게 확대시키고 있습니다. 과거에는 소재가 공정의 일부로만 여겨졌다면, 이제는 반도체 성능·수율·안정성을 결정하는 핵심 영역으로 자리 잡았습니다. 이는 최신 반도체 기술이 요구하는 구조적 변화에서 비롯됩니다.

　우선 반도체 산업의 최전선에서 등장하는 신기술들은 소재에 대한 요구 수준을 전례 없이 높이고 있습니다. HBM4, 2nm 공정, 고적층 3D 패키징과 같은 차세대 기술들은 단순히 장비 개선만으로 대응할 수 있는 수준을 넘어섰기 때문입니다. 예컨대 HBM4는 적층 수가 늘어나면서 TSV 공정이 더 정밀해지고, 그 과정에서 범핑 소재나 언더필 소재의 역할이 필수적입니다. EUV 공정도 마찬가지로, 노광 단계에서 회로가 더 미세해질수록 고성능 포토레지스트와 초고순도 케미컬이 반드시 필요합니다.

　첨단 패키징 기술 역시 열·전기적 성능을 끌어올리기 위해 고사양 기판과 특수 접착소재 없이는 구현할 수 없습니다. 한마디로 이전보다 더 정교하고 더 민감한 소재가 아니면 최신 반도체 기술을 구현하는 것이 불가능한 시대에 접어든 것입니다.

　또한 소재 산업의 중요성은 단순 기술적 요소를 넘어, 국가 전략의 차원에서도 부각되고 있습니다. 반도체 공급망이 흔들릴 때 가장 먼저 위험 신호가 나타나는 곳이 소재이기 때문입니다. 특히 2019

[자료 6-1] 반도체 소재 시장 비중

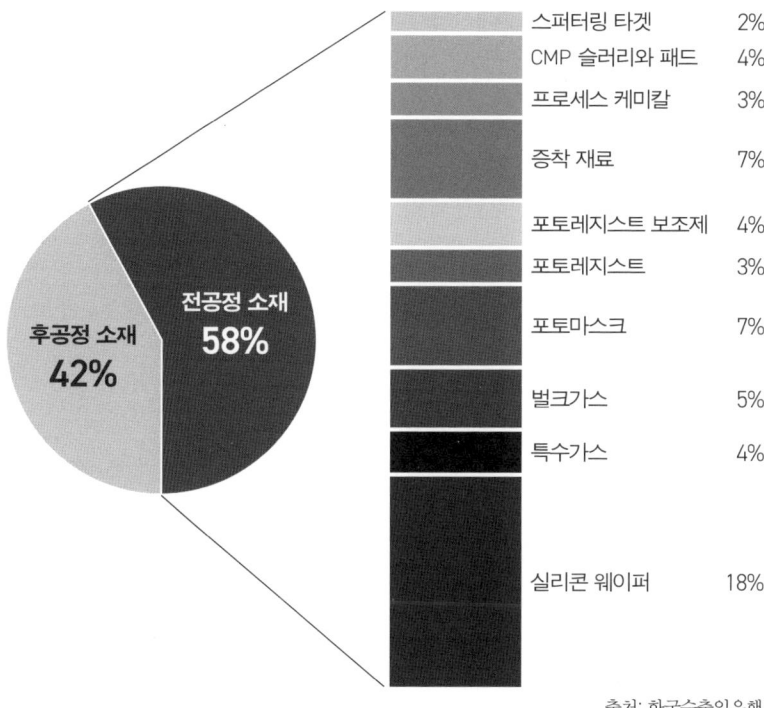

출처: 한국수출입은행

년 일본의 수출 규제 당시 한국이 가장 빠르게 영향을 받은 영역도 불화수소, 포토레지스트, 플루오린 폴리이미드 같은 핵심 소재였습니다.

여기에 공정 미세화 흐름이 가속화되면서 소재 기업은 이제 선택이 아니라 필수 파트너가 되었습니다. 14nm에서 7nm, 다시 5nm와 3nm로 내려갈수록 회로는 더 미세해지고, 공정 난이도는 기하급수적으로 상승합니다.

극미세 회로를 형성하기 위해서는 더 민감한 포토레지스트가 필요하고, 식각 공정의 정밀도를 끌어올리기 위해 고성능 식각가스가 요구되며, 열과 전기 특성을 개선하기 위한 신소재 개발도 계속 뒤따라야 합니다. 미세화는 장비 기술만으로 해결되지 않습니다. 소재 기술이 함께 발전해야만 가능한 일이고, 이 점이 바로 소재 기업이 반도체 생태계에서 갖는 위상이 과거와 비교할 수 없을 만큼 높아지고 있는 이유입니다.

○── 반도체 경쟁의 최전선에 있는 소재 산업

반도체 투자에서 소재를 살피는 것은 선택이 아니라 필수입니다. 장비나 완제품 기업보다 시장의 주목을 덜 받을 수 있지만, 산업의 뿌리를 형성하고 미래 경쟁력을 좌우하는 핵심 변화는 바로 이들로부터 시작됩니다. 보이지 않는 곳에서 기술 진화를 만들어내는 이 기업들을 이해한다면, 반도체 산업의 다음 10년을 미리 내다볼 수 있을 것입니다.

소재는 단순한 원재료가 아니라 반도체 생태계를 움직이는 '기초 기술의 심장'입니다. 공정 미세화, 고적층 패키징, AI 메모리 수요의 증가는 모두 새로운 소재를 요구하며, 바로 그 지점에서 향후 리더가 결정됩니다. 소재 산업을 깊이 이해하는 투자자는 반도체의 미래 방향뿐 아니라 시장의 가장 빠른 변곡점을 함께 읽어낼 수 있을 것입니다.

부품:
공정을 잇는 연결고리

반도체 공정의 마지막 완성은 보이지 않는 '부품'에서 드러납니다. 장비와 소재가 길을 열어도, 실제 수율과 가동률을 결정하는 순간의 성패는 정밀한 부품이 책임지므로 이 영역을 가볍게 볼 수 없습니다.

반도체 산업에서 '부품'이라는 단어는 다소 가볍게 들릴 수 있습니다. 그러나 실제 산업 현장에서는 전혀 그렇지 않습니다. 반도체 제조 장비의 성능과 안정성을 최종적으로 완성시키는 것이 바로 부품이며, 장비의 가동률과 생산 효율을 좌우하는 핵심 요소로 작동합니다. 공정을 수행하는 본체 장비가 있다면, 부품은 그것을 실질적으로 움직이게 하고 유지시키는 핵심 기반입니다.

부품 산업을 이해하는 것은 반도체 공급망의 마지막 빈틈을 메우는 일입니다. 소재가 회로를 구성하고 장비가 기술을 구현한다면, 부품은 이 두 축 사이를 매끄럽게 연결하며 생산 공정을 실현 가능한 상태로 유지합니다. 즉 부품은 반도체 공정 전반을 하나의 유기적인 시스템으로 연결하는 접착제 같은 역할을 수행하고 있습니다.

◦── 첨단 공정의 시대, 부품 기술력에 주목해야

반도체 생산에는 수많은 공정 장비가 사용됩니다. 노광, 식각, 증착, 세정 등 주요 공정마다 여러 장비가 배치되며, 이 장비들은 챔버, 펌프, 필터, 밸브, 히터, 리소그래피 부품, 포토마스크 등 다양한 부품으로 구성됩니다. 이러한 부품 중 어느 하나라도 성능에 이상이 생기면 전체 공정이 중단되거나 수율이 급격히 하락할 수 있습니다.

장비는 한 번 설치하면 수년에서 10년 이상 사용되는 경우가 많지만, 부품은 완전히 다른 경제적 구조를 가지고 있습니다. 공정 특성상 소모되기 때문에 반복적 교체 수요가 지속될 뿐 아니라 유지보수 과정에서도 지속적인 공급이 필요합니다. 또한 장비 성능 향상에 맞춰 부품도 함께 업그레이드되어야 하므로 기술 변화에 따라 공급 기회가 꾸준히 발생합니다.

여기에 고객사 인증 과정이 매우 까다롭다는 점도 중요한 특징입니다. 미세 공정에서는 아주 작은 오차도 생산 수율을 급격히 떨어뜨릴 수 있기 때문에 한 번 검증된 부품 공급사는 오랜 기간 동일 고객을 유지할 가능성이 높습니다. 이는 곧 부품 산업이 높은 진입장벽을 갖추는 동시에 이탈 가능성은 낮다는 것을 의미합니다. 안정적인 반복 매출과 지속 가능한 시장 지배력을 기대할 수 있는 이유가 여기에 있습니다.

장비 양산 이후에도 부품 검증과 유지보수는 지속적으로 이루어지며, 부품은 장비보다 부품 교체 주기가 짧기 때문에 부품 산업은 안정적이고 반복적인 수요를 확보할 수 있다는 장점도 함께 지니고 있습니다.

◦—— 반도체 경쟁력은 결국 부품에서 완성된다

반도체 제조는 거대한 장비 산업과 최첨단 설계 기술 위에 구축되어 있지만, 정교한 공정의 마지막 완성은 부품에서 이루어집니다. 미세화·고적층 시대가 계속될수록 부품 기술은 더 높은 정밀도와 내구성을 요구받게 될 것이며, 이는 부품 기업의 산업적 가치가 앞으로 더 크게 부각될 것임을 의미합니다. 특히 AI 서버 수요가 급증하는 지금은 공정의 안정성과 수율이 그 어느 때보다 중요한데, 이는 결국 핵심 부품의 완성도가 반도체 기업의 경쟁력을 사실상 결정한다는 뜻이기도 합니다.

부품은 보이지 않는 영역이지만, 반도체 성능을 결정하는 가장 앞선 기술이 녹아 있는 분야입니다. 장비와 소재가 아무리 발전해도 부품이 받쳐주지 못하면 전체 공정은 흔들릴 수밖에 없으며, 이 때문에 글로벌 기업들은 검증된 부품 파트너 확보를 장기 전략으로 삼고 있습니다.

반도체 산업의 미래는 장비와 소재뿐 아니라, 그 모든 기술을 연결하고 완성하는 부품에서 더욱 강하게 빛날 것입니다. 부품을 이해하는 순간, 반도체 공급망의 숨은 구조가 선명하게 보이고 다음 사이클을 읽는 힘도 훨씬 단단해집니다.

○── 미세화·고적층 시대가 열어준 새로운 성장 곡선

공정이 미세화되고 패키징이 고도화될수록 부품의 역할은 단순한 소모품을 넘어 전략적 자산으로 격상되고 있습니다. 초미세 노광, 고단 적층 HBM, 2nm 이하 공정 등에서는 장비의 성능만으로는 안정적 생산을 보장할 수 없으며, 열·압력·전기적 스트레스를 견디는 고내구성 부품과 정밀 부품이 필수 기반이 됩니다. 부품 산업의 중요성은 특히 AI 시대에 더욱 분명해지고 있습니다. 고성능 연산을 뒷받침하기 위해서는 장비의 성능만으로는 부족하며, 공정 안정성과 내구성을 보장하는 핵심 부품의 완성도가 필수적입니다.

실제로 글로벌 반도체 기업들은 미세 공정 전환 속도를 높이면서 '검증된 부품 파트너 확보'를 가장 중요한 전략 과제로 삼고 있습니다. 이런 흐름 속에서 부품 기업은 단순한 조력자가 아니라, 반도체 공급망의 '지속 가능한 경쟁력'을 만들고 지탱하는 전략적 동반자로 자리매김하게 될 것입니다.

장비:
반도체 산업의 실질적 수혜주

반도체 사이클의 첫 신호는 언제나 '장비'에서 시작되기 마련입니다. 설비투자가 움직이기 시작하면 수주와 출하 흐름이 즉각 반응하고, 이는 시장이 업황 회복을 가장 먼저 확인하는 근거가 됩니다.

 반도체 산업의 화려한 전면에는 메모리 칩, 시스템 반도체, AI 가속기 등이 자리하고 있습니다. 그러나 이 모든 것이 실제로 만들어지기 위해서는 장비(Equipment) 없이는 성립하지 않습니다. 반도체 공장을 설립하고 고성능 칩을 양산하는 과정에서 핵심이 되는 건 바로 노광장비, 식각장비, 증착장비, 세정장비 등의 '장비'입니다. 말하자면 반도체 사이클이 회복될 때 가장 직접적으로 수혜를 받는 기업군이 바로 장비 업체들입니다.

 장비는 단순히 생산을 위한 도구가 아니라, 반도체 기술 발전의 속도를 결정짓는 '출발점'이기도 합니다. 공정이 3nm·2nm로 내려가고 HBM·3D 패키징이 확산될수록, 더 정밀하고 더 복잡한 장비가 필요해지며 기업 간 기술 격차도 빠르게 벌어집니다. 그래서 장비의 발주와 수주 흐름은 반도체 기술 진화의 방향을 가장 먼저 보여주는 신호이자, 시장이 미래 경쟁력을 평가하는 핵심 기준으로 작용합니다.

○── 왜 장비 기업을 봐야 하는가?

반도체 산업은 기술 노드가 미세해지고 패키징이 복잡해질수록 장비 투자가 늘어납니다. 2nm, 나아가 1.4nm 이하 공정, 또는 3D 적층·HBM 패키징 등이 확대되면, 기존 장비보다 더 정밀하고 고성능인 장비가 필요해집니다. 이 경우 신규 투자 수요가 발생하고, 이는 장비 업체의 실적 증가로 이어집니다.

장비 업체들은 일반적으로 '수주 → 출하 → 설치 → 가동'이라는 명확한 프로세서를 갖고 있습니다. 수주 공시가 나오는 순간 향후 매출이 예측 가능해지며, 시장은 이를 미리 반영합니다. 따라서 장비 업체의 수주 발표가 향후 실적 상승 기대감을 불러일으키며 주가에 빠르게 반영되는 경우가 많습니다. 실제로 산업 보고서에 따르면 반도체 장비 시장은 2025년 기준 약 1,663억 달러 규모에서 2032년에는 약 3,443억 달러 규모로 성장할 것으로 전망되었습니다.

또한 반도체 업황이 회복 국면에 들어가면 가장 먼저 장비 발주가 증가하는 경향이 있습니다. 반도체 기업이 수요 회복을 인식하고 설비 증설을 결심할 때, 가장 먼저 장비 주문이 증가합니다. 이러한 장비 주문은 비교적 선행 지표로 작용하며, 장비 업체의 실적이 업황 회복을 확인해주는 '신호탄'이 되기도 합니다. 따라서 반도체 사이클을 읽고자 한다면 장비 기업의 수주 및 실적 흐름을 놓쳐서는 안 됩니다.

○── 반도체 장비 투자, 이것만 체크하자

반도체 장비 기업을 투자 관점에서 분석할 때는 무엇보다 먼저 수주 공시를 확인하는 것이 중요합니다. 장비 기업은 '어느 고객사의 어떤 공장에 특정 장비를 공급한다'는 계약 공시가 발표되는 순간, 향후 실적이 사실상 예약되는 구조이기 때문입니다. 수주 규모, 공급 대상이 메모리인지 파운드리인지 여부, 고객사가 삼성전자·SK하이닉스 같은 국내 기업인지 글로벌 고객사인지 등을 꼼꼼히 살펴볼 필요가 있습니다.

또한 장비 사업의 매출이 실제로 발생하는 시점은 장비 설치와 가동이 이루어질 때입니다. 즉, 단순한 수주 소식보다 설치 속도와 가동률 개선 여부가 주가와 실적에 더 직접적인 영향을 미칠 수 있습니다. 수주가 지속적으로 늘고 있음에도 설치가 지연된다면, 그만큼 실적 인식도 늦춰지게 되기 때문입니다.

기술 경쟁력도 중요한 판단 요소입니다. 초미세 공정이 확산될수록 장비 기술의 진입장벽은 더욱 높아지고, 고객사와의 신뢰 관계 또한 성패를 좌우합니다. 삼성전자·SK하이닉스·TSMC와 같은 글로벌 대표 기업들에 장비를 공급할 수 있는 회사인지, 차세대 기술 로드맵에 맞춰 장비 개발을 병행하고 있는지 등은 반드시 점검해야 할 항목입니다.

마지막으로 업황 흐름을 함께 살펴야 합니다. 반도체 산업은 보통 설비투자 증가가 업황 회복의 지표 역할을 하기 때문에, 장비 업체의 수주와 실적은 업황 회복을 가장 먼저 알려주는 선행 지표가 되는 경우가 많습니다. 따라서 사이클이 바닥을 지나 증설 투자 논의가 다시 시작되는 시점이라면 장비 기업 주가가 먼저 움직일 가능성이 높습니다. 그만큼 업황 전환 시기를 함께 고려하는 것이 실전 투자에서 중요한 전략이 됩니다.

반도체를 움직이는 숨은 주역

AI·자동차·클라우드·5G 등으로 반도체 수요가 지속 확대될수록, 장비 업체들은 수혜의 중심에 서게 될 가능성이 높습니다. 반도체 투자를 멀리 보고, 장기 투자하고 싶은 투자자라면 메모리 가격이나 개별 칩 기업의 단기 실적만으로 판단하는 근시안적인 시각에서 벗어나야 합니다. 실제 업황 회복의 신호는 먼저 장비 수주에서 나타납니다. 이 구조를 이해한다면 반도체 투자에 대한 시야는 한층 더 깊어지고 넓어질 것입니다.

특히 장비 산업은 기술 난이도가 높아질수록 소수 기업 중심의 독점 구조가 강화되기 때문에, 한 번 신뢰를 확보한 기업은 장기적으로 안정적인 성장 궤도를 갖게 됩니다. 고객사의 공정 전환과 투자 계획에 직접 연결되는 만큼, 장비 업체의 기술력과 수주 흐름을 추적하는 일은 곧 반도체 산업의 미래 지도를 미리 읽는 것과 다르지 않습니다. 이런 관점에서 장비는 단순한 사이클 수혜주가 아니라, 반도체 생태계의 다음 변화를 알려주는 가장 강력한 선행지표라 할 수 있습니다.

소부장 투자 시
꼭 확인해야 할 체크리스트

공급망 깊숙한 곳에서 먼저 움직이는 기술·수주·설비투자 신호를 잡아내면, 본격적인 업황 회복은 절반은 확인된 셈입니다. 무엇을 사느냐보다 어떤 기준으로 고르고 판단하느냐가 투자 성과를 좌우합니다.

반도체 산업에서 가장 빠르게 움직이는 영역은 언제나 소부장입니다. '수주, 개발, 인증, 양산'이라는 일련의 흐름 속에서 소부장은 반도체 기업보다 한 발 앞서 반도체 업황의 변화를 감지할 수 있는 구조를 갖고 있습니다. 따라서 소부장 투자에 대해 올바르게 이해한다는 것은, 곧 반도체 투자를 선행 지표로 실행한다는 것과 같은 의미입니다.

그렇다면 반도체 투자자는 어떤 기준으로 소부장을 바라봐야 할까요? 소부장은 기업의 기술력, 고객 관계, 공급망 내 위치가 실적과 성장성을 거의 그대로 결정하는 영역이기 때문에 '무엇을 보느냐'가 곧 투자 결과로 이어집니다. 이 기준을 정확히 잡는 순간 복잡해 보이던 소부장 산업도 흐름과 구조가 선명하게 드러나기 시작합니다.

실전에 바로 적용 가능한 핵심 체크포인트들을 체계적으로 정리해 보겠습니다.

○── 진입 장벽의 핵심은 '기술 경쟁력'

소부장 기업의 본질적인 가치는 기술 우위가 얼마나 지속 가능한가에 달려 있습니다. 소부장은 특정 공정의 핵심 요소를 제공하기 때문에, 고객사가 한 번 선택하면 교체가 쉽지 않습니다. 특히 특허, 레퍼런스 고객, 그리고 제품 인증 이력은 경쟁사 대비 높은 진입 장벽을 형성합니다.

예를 들어 EUV 포토레지스트, CMP 슬러리, 고순도 가스 등은 기술 격차가 좁혀지기 어려운 영역으로 알려져 있으며, 글로벌 반도체 기업이 선택한 공급사는 수년간 지위를 유지하는 경우가 많습니다. 결국 기술력은 소부장 기업 투자에서 가장 먼저, 그리고 가장 확실하게 확인해야 하는 가치 기준입니다.

○── 기업의 확장성인 '고객사 포트폴리오'

소부장 기업을 분석할 때 가장 먼저 확인해야 할 것은 고객 포트폴리오입니다. 어떤 기업이 고객인지, 그리고 어떤 공정에 투입되는지를 파악하는 것이 소부장 투자 분석의 출발점입니다. 삼성전자와 SK하이닉스 같은 핵심 고객사와 직접 협력한 이력이 있다면, 그 기업의 기술력과 신뢰성을 시장이 인정하고 있다는 의미입니다.

여기에 더해 글로벌 파운드리 기업이나 장비 제조사와의 협력까지 이루어지고 있다면, 공급망이 확장되고 있다는 신호로 볼 수 있습니다. 이는 단순한 단가 협상력이 아니라, 미래 성장성까지 증명하는 지표가 됩니다.

물론 고객 의존도가 지나치게 높은 경우에는 업황 변화에 따른 실적 변동성이 커질 수 있습니다. 그러나 주요 고객사와 지속적인 기술 맞춤 개발을 함께 진행하고, 장기 공급 계약을 확보한 기업이라면 외부 환경에 흔들리지 않고 매출 안정성을 유지할 가능성이 높습니다.

○── 공급망 내 위치: 주도권이 어디로 향하는가?

소부장 기업이 반도체 공급망에서 어느 단계에 위치하는지는 그 기업의 성장성과 변동성을 가늠하는 중요한 기준이 됩니다. 소재, 부품, 장비는 각기 다른 기술 난이도와 수요 구조를 갖고 있기 때문에, 투자자가 어느 영역에 비중을 두느냐에 따라 포트폴리오의 성향과 수익률 곡선도 달라지게 됩니다.

일반적으로 초기에 강하고 빠른 상승 흐름을 기대한다면 장비 영역이 더 민감하게 반응하는 경향이 있고, 공급망 안정성과 꾸준한 성장을 원한다면 부품 비중이 유리할 수 있습니다. 반면 장기적인 기술 경쟁력과 성장 가속을 노린다면 소재 기업이 가장 높은 잠재력

[자료 6-2] 소재·부품·장비별 강점·리스크 요인 및 주가 특성 비교

구분	강점	리스크 요인	주가 특성
소재	기술 장벽이 가장 높고, 공급망 핵심에 위치	개발 기간과 난이도가 매우 높음	중장기적 성장 속도 우수
부품	반복 매출 구조로 안정성이 높음	특정 고객에 의존 시 리스크가 존재	사이클 중반에 꾸준한 상승세
장비	설비투자 선행지표로, 사이클 초반에 강세	업황 둔화 시 변동성 확대 가능	초반 탄력이 강하게 반영

을 갖습니다.

결국 공급망 내 위치를 이해하고 투자에 반영하는 것은 단순한 정보 수집을 넘어, 시장의 큰 흐름에 올라타기 위한 전략적 선택입니다. 투자자는 이 관점에 익숙해질수록 업황을 앞서 읽게 되고, 수익률도 더 안정적으로 확보할 수 있을 것입니다.

○─── 실적 회복의 선행지표인 '설비투자'

소부장 산업은 반도체 기업의 설비투자(CAPEX) 방향에 가장 민감하게 반응합니다. 반도체 기업이 생산능력을 늘리기 위해 설비투자를 확대하는 순간부터 그 아래 공급망에는 곧바로 수주가 증가하고, 이후에는 실적 개선으로 이어지는 선순환이 시작됩니다. 이러한 흐름은 반도체 사이클의 가장 선행적인 지표이자 신호라고 해석해볼 수 있습니다.

메모리 업체들이 증설에 드라이브를 걸면 패키징·기판·테스트 등 후공정 관련 부품과 소재 수요가 빠르게 늘어납니다. 반대로 파운드리 중심의 설비투자가 확대될 때는 EUV 공정 소재, 식각·세정·증착 장비 등 공정 초입 구간의 기술력이 중요한 투자대상으로 부상합니다. 또한 AI 서버 투자가 본격화될수록 HBM 공급망 전반이 확장되면서 TSV 공정, 범핑, 언더필 소재 등 고부가가치 영역의 성장이 더욱 가속화됩니다.

소부장 산업은 설비투자 변화가 시작되는 지점에서 이미 움직이기 시작하며, 그 변화는 뉴스보다 빠르고 실제 수주보다도 선행되는 경우가 많습니다. 그러므로 반도체 업황의 방향 전환을 가장 먼저 감지하고 대응하고자 한다면, 설비투자 트렌드를 읽는 것이 무엇보다 중요합니다.

○── 반도체 사이클별 소부장 로테이션 전략

반도체는 전형적인 사이클 산업입니다. 그리고 소부장 업종은 이 사이클의 단계에 따라 각각 주도 영역이 달라지는 특성을 지닙니다. 즉 어떤 시점에 어느 섹터가 강해지는지를 알고 접근하면 수익률의 차이는 크게 벌어질 수 있습니다.

반도체 업황이 바닥을 통과해 반등하기 시작하는 초반에는 장비 기업이 가장 먼저 움직입니다. 반도체 기업들이 설비투자(CAPEX)를 재개하기 시작하면서 식각·증착·EUV 등 핵심 공정 장비 주문이 증가하고, 이러한 흐름은 수주 공시로 확인되며 주가가 선행적으로 반응합니다.

업황이 본격적으로 회복세에 들어서는 중반부로 넘어가면, 메모리 가격(ASP)이 오르고 HBM 중심 수요가 폭발하면서 패키징·웨이퍼·화학소재 등 소재 관련 기업들이 주도권을 가져갑니다. 이때부터는 실적 개선이 눈에 보이는 구간입니다.

이후 사이클 상단에 도달해 수율과 가동률이 최대치에 도달하면, 반도체 업체들은 설비 증설보다는 생산 효율과 안정화에 집중하게 됩니다. 이 구간에서는 부품 기업들의 실적이 꾸준히 이어지고, 안정적인 반복 매출 구조가 재평가되며 부품 기업들에 대한 투자 매력이 커집니다.

정리하면 '장비 → 소재 → 부품'으로 수익률의 무게 중심이 자연스럽게 이동하는 흐름이 반복되어 왔습니다. 소부장 투자를 효율적으로 하기 위해서는 지금 사이클이 어느 단계에 와 있는가를 먼저 판단하는 것이 무엇보다 중요합니다. 현재 시장의 위치만 정확히 파악해도, 투자 방향의 절반은 이미 결정된 셈입니다.

○── 사이클 변화를 가장 먼저 보여주는 시장

반도체 소부장을 정확히 이해하는 것은 반도체의 미래를 가장 앞에서 읽는 것과 다르지 않습니다. 그러므로 반도체 투자자는 눈앞의 뉴스가 아니라 공급망 깊숙한 곳에서 벌어지는 변화를 읽어낼 필요가 있습니다. 그 작은 변화들이 모여 AI 시대, 반도체 패권 경쟁의 승자를 결정하게 될 것이기 때문입니다.

특히 소부장은 기술 전환과 설비투자 방향이 가장 먼저 반영되는 지점이기 때문에, 이 흐름을 읽을 수 있다면 반도체 사이클의 앞단에서 움직일 수 있는 드문 기회를 얻게 됩니다. 공정 변화, 고객사 인증, 신규 수주 확대처럼 겉으로 잘 드러나지 않는 조용한 신호들이 결국 산업 전반의 추세를 이끌기 때문에 이 미세한 움직임을 먼저 이해하는 투자자는 시장이 뒤늦게 가격으로 반영하기 전 이미 한발 앞서 자리를 잡을 수 있습니다.

[자료 6-3] 반도체 공정별 국내 소부장 밸류체인 지도

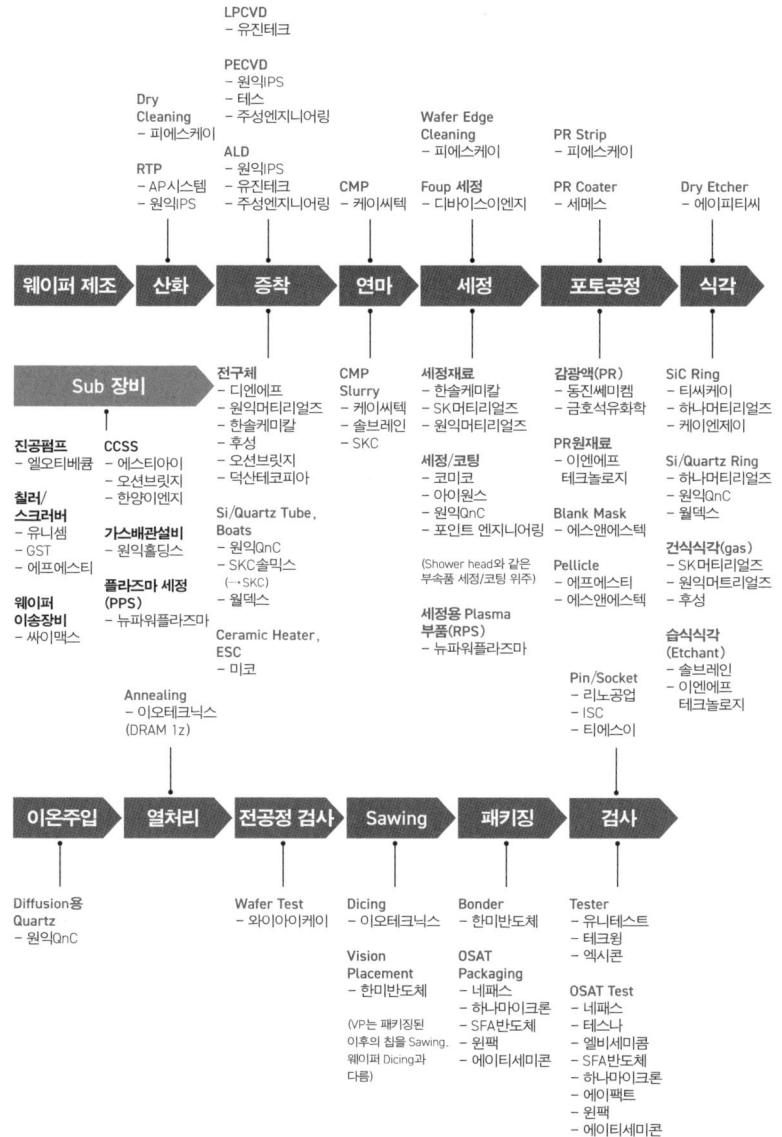

Semiconductor Investment strategy map

CHAPTER 7

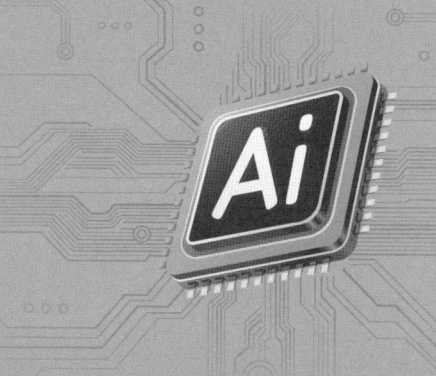

5060 반도체 투자자를 위한 실전 전략

5060 투자자, 반도체로 다시 기회를 만들자

AI 시대의 반도체 시장은 더 이상 과거처럼 단순한 사이클 산업이 아닙니다. 메모리·파운드리·AI 칩·HBM이 동시에 움직이며, 수요와 공급의 균형이 기술 혁신의 속도에 따라 급격히 바뀌는 구조가 되었습니다. 과거에는 분기 실적과 산업 사이클만 읽어도 충분했지만, 이제 투자자는 뉴스·실적·기술 변화·수급의 방향까지 함께 읽어야 흐름을 붙잡을 수 있는 시장이 되었습니다.

반도체 투자에서 가장 중요한 것은 '예측'이 아니라 '흐름을 해석하는 능력'입니다. 시장이 어떤 시그널을 먼저 보내는지, 그 신호가 실제로 실적과 수급에서 어떻게 이어지는지, 그리고 그 연결점이 추세로 이어지는지를 읽어내는 것이 핵심입니다. 특히 AI 인프라 확대와 함께 메모리 가격, GPU 공급, HBM 기술, 고객사의 투자 사이클이 모두 하나의 긴 체인처럼 연결되기 때문에 어느 한 지표만 보고 판단하는 방식은 더 이상 통하지 않습니다.

2025년 이후 반도체 시장의 주도권은 '기술'에서 '데이터'로, 그리고 다시 '투자 흐름'으로 옮겨가고 있습니다. 이 변화는 단순한 업황 개선이나 개별 종목의 모멘텀을 넘어, 투자 전략 자체의 전환을 요구합니다. 뉴스와 실적을 어떻게 구분해 읽을지, 추세를 어떻게 타이밍화할지, 집중투자 전략과 분산투자 전략을 어떻게 설계할지, 그리고 ETF를 어떻게 활용할지 등 이 모든 판단이 실전 성과를 가르는 핵심이 되고 있습니다.

7장에서는 이러한 변화된 시장에서 5060 반도체 투자자가 실제로 무엇을 보고, 어떻게 대응해야 하는지를 구체적으로 다룹니다. 뉴스와 실적의 관계, 추세추종 전략의 구조, 집중·분산 포트폴리오 설계, 반도체 ETF 활용법 등 반도체 투자자가 알아야 할 실전 전략들을 정리했습니다. 이를 통해 복잡해 보이던 주가의 흐름이 분명한 신호로 바뀌며 반도체 투자자의 의사결정은 훨씬 단단해질 것입니다.

뉴스와 실적으로
반도체 시장을 읽는 법

반도체 시장은 헤드라인보다 빠르게 움직이고, 실적보다 앞서 방향을 틀어갑니다. 이 두 신호가 맞물리는 지점을 읽어낼 때, 비로소 시장의 진짜 리듬과 사이클의 전환점을 포착할 수 있습니다.

반도체는 한국 증시의 중심축입니다. 삼성전자와 SK하이닉스의 흐름은 코스피 전체의 흐름과 직결되며, 글로벌 반도체 사이클 역시 국내 시장을 이끌어가는 핵심 변수입니다. 하지만 매일 쏟아지는 뉴스들과 분기마다 발표되는 실적 속에서 무엇이 중요한 신호인지를 정확히 구분해내기란 쉽지 않습니다. 반도체 업종을 이해하는 가장 현실적인 방법은 '뉴스'와 '실적'을 구분하는 것입니다.

여기에 더해 중요한 점은, 반도체는 기술 변화와 사이클 변화가 동시에 움직이는 업종이라는 사실입니다. 기술 전환(HBM, EUV, 파운드리 미세공정)과 수요 사이클(서버·AI·스마트폰)이 함께 맞물리기 때문에, 단일 뉴스 하나만으로 업황을 해석하면 항상 왜곡된 판단이 나오기 쉽습니다. 그래서 반도체 투자자는 '뉴스로 방향을 확인하고,

실적으로 현실을 검증하는' 2단계의 해석 과정을 갖춰야만 반도체 시장의 큰 그림을 정확히 읽어낼 수 있습니다.

○── 뉴스는 미래의 방향, 실적은 현재의 힘

반도체 관련 뉴스는 대체로 앞으로 업황이 어느 방향으로 움직일지를 가늠하게 해줍니다. 예컨대 "삼성전자가 DDR5 메모리칩 가격을 최대 60% 인상했다"는 뉴스가 있었다면, 이는 AI 서버와 데이터센터 수요가 급격히 증가하고 공급이 빠르게 타이트해지고 있다는 신호입니다. 또한 NVIDIA가 H100·H200 GPU의 공급 부족 루머에 대해 "재고가 충분하다"는 공식 입장을 내놓았다는 뉴스도 나왔습니다.

이처럼 메모리 가격 급등과 GPU 수급 이슈는 모두 산업 흐름의 방향을 제시하는 신호로 작용합니다. 이러한 뉴스들은 시장이 어느 쪽으로 고개를 돌릴지에 대한 일종의 '지도' 역할을 하고, 투자자들은 이를 통해 큰 방향성을 짐작할 수 있습니다.

다만 중요한 점은 '뉴스의 시점이 주가와 항상 일치하지 않는다'는 사실입니다. 대부분의 뉴스는 이미 주가가 어느 정도 움직인 뒤에 공개되는 경우가 많습니다. 즉 뉴스가 나오는 시점에는 시장이 일정 부분 선반영을 마친 상황일 때가 적지 않습니다. 그래서 뉴스를 단순히 호재·악재로만 받아들이기보다는, 산업 방향성을 이해하는 참고 자료로 해석하는 시각이 필요합니다.

반면 실적은 훨씬 더 직접적이고 객관적인 신호를 제공합니다. 매출과 영업이익이 실제로 개선되는지, ASP*(평균판매가격)가 상승하는지, 기업이 다음 분기 실적 가이던스를 상향하는지 등은 단순한 전망이 아니라 이미 성과가 현실에서 나타났다는 뜻입니다. 그래서 뉴스보다 실적이 발표될 때 주가 반응이 더 즉각적이고, 시장의 흐름도 명확하게 변하는 경우가 많습니다.

> **ASP(Average Selling Price)**
> 평균판매단가. 제품이나 서비스가 실제 시장에서 판매되는 평균 가격을 의미하는 지표로, 기업의 수익성과 가격 경쟁력을 파악하는 데 핵심적으로 활용됨. ASP가 높아지면 제품 믹스 개선 또는 가격 상승 효과를 의미함

즉 반도체 섹터를 제대로 읽기 위해서는 뉴스와 실적을 각각 따로 보지 말고 함께 해석해야 합니다. 뉴스는 앞으로의 길을 제시하고, 실적은 그 길을 실제로 얼마나 빠르게, 그리고 힘 있게 달리고 있는지를 확인시켜줍니다. 이 두 요소를 결합해 읽어낼 때 비로소 시장이 향하는 방향과 속도를 정확하게 파악할 수 있습니다.

○── 컨센서스와 가이던스의 차이점

반도체 기업의 실적을 볼 때, 투자자들이 가장 많이 보는 지표가 바로 컨센서스(Consensus)입니다. 컨센서스란 애널리스트들이 추정한 실적 전망치의 평균값으로, 시장이 기대하는 기준점이라고 이해하시면 됩니다. 예를 들어 시장의 컨센서스가 영업이익 10조 원이었다면, 실제 실적이 11조 원이 나왔을 때는 '예상보다 좋았다'며 긍정

적 반응을 보이고, 9조 원이 나오면 '기대보다 못 미쳤다'고 해석되는 식입니다. 이처럼 시장의 반응은 절대 숫자보다도 기대 대비 결과에 의해 결정됩니다.

반면 가이던스(Guidance)는 성격이 다릅니다. 이는 기업 경영진이 직접 밝히는 향후 실적 전망으로, 기업의 자신감과 전략적 메시지가 모두 담겨 있습니다. 그래서 시장은 가이던스 발표에 훨씬 민감하게 반응합니다. 실적이 다소 아쉬워도 가이던스가 상향되면 주가가 강하게 움직이기도 하고, 반대로 실적이 좋았더라도 가이던스가 하향되면 주가가 약세로 돌아서기도 합니다. 그러므로 컨센서스와 가이던스를 함께 보면서 객관적으로 분석해야 시장의 흐름을 제대로 읽을 수 있습니다.

실전 사례: 삼성전자 vs. SK하이닉스

최근 2~3년간의 주가 흐름을 보면, 컨센서스와 가이던스가 주가를 어떻게 움직였는지 매우 명확하게 확인할 수 있습니다.

1) SK하이닉스: 컨센서스 상향이 주가를 끌어올린 사례

2023년 하반기부터 2024년 상반기까지 SK하이닉스의 컨센서스는 빠르게 상향 조정되었습니다. 특히 HBM3E의 엔비디아 독점 공급 확정이 알려지면서 향후 영업이익 전망이 단기간에 크게 뛰었습니다. 이로 인해 주가는 12만 원대에서 20만 원대까지 급등했습니다. 본격적인 실적이 발표되기 전이었지만, 컨센서스 상향 그 자체가 주가의 핵심 상승 동력이 되었던 대표 사례입니다.

SK하이닉스의 주가는 2025년 9월을 기점으로 다시 한번 가파른 상승 흐름을 만들기 시작했습니다. SK하이닉스가 내부 인증 절차를 마무리하고 HBM4 양산 준비에 사실상 돌입했다는 소식이 전해지면서, 시장은 또 한 번 향후 실적 개선 폭을 재평가하기 시작했습니다. 이러한 기술 모멘텀은 곧바로 증권사들의 실적 전망 상향으로 이어졌고, 일부 기관에서는 2026년 영업이익 추정치를 추가로 높이며 "SK하이닉스의 중장기 수익성이 기존 예상보다 더 견조할 것"이라는 분석을 내놓았습니다.

이처럼 SK하이닉스의 2025년 9월 랠리는 단순히 테마성 이슈가 아니라 '기술 인증 완료 → 양산 준비 본격화 → 초기 공급사 가능성 확대 → 컨센서스 상향'이라는 구조적 흐름이 맞물려 만들어진 상승이라는 점에서 의미가 컸습니다.

2) 삼성전자: 뉴스는 많았지만, 실적이 늦게 따라온 사례

삼성전자는 2025년 상반기까지만 해도 시장 기대에 미치지 못하는 흐름을 보였습니다. 파운드리 부문의 적자 지속, HBM3E 고객사 퀄 테스트 지연, 그리고 DRAM 가격 상승에도 불구하고 SK하이닉스 대비 실적 체감도가 낮았다는 점이 삼성전자 주가의 발목을 잡았습니다.

그러나 2025년 하반기로 접어들며 상황은 점진적으로 변화하기 시작했습니다. DRAM과 HBM의 ASP가 동시에 강하게 반등하면서 메모리 부문이 의미 있는 수익성을 회복했고, 기존 약점이던 HBM 경쟁력도 HBM4 양산 준비 소식과 함께 시장의 재평가를 받기 시작했습니다. 여기에 더해 테슬라·애플 등 글로벌 대형 고객사 파운드리 수주 증가, 엑시노스 2600의 양산 및 공급 확대 등 시스템 반도체 부문의 모멘텀도 더해지며, 증권사들은 삼성전자 실적 전망을 본격적으로 상향하기 시작했습니다.

이 시점부터 삼성전자 주가는 SK하이닉스와는 다른 방식으로 추세 전환을 만들어냅니다. 삼성전자는 '뉴스(호재) → 관망 → 실적 전망 상향 → 주가 추세 전환'이라는 전형적인 후행형 랠리를 보여준 것입니다.

반도체 업종에서 주가는 단순한 뉴스 헤드라인으로 움직이지 않습니다. 일시적인 이슈는 단기 변동성을 만들 수 있지만, 주가의 방향성을 결정하는 것은 결국 실적·전망의 변화입니다. 삼성전자는 바로 이 점을 가장 명확하게 보여준 사례입니다.

○── 뉴스와 실적을 함께 봐야 시장이 보인다

결국 반도체 섹터를 읽는다는 것은 '뉴스와 실적 중 무엇이 더 중요하냐'를 고르는 문제가 아닙니다. 뉴스로 방향을 확인하고, 실적으로 그 방향이 현실화되고 있는지를 점검하는 작업이 함께 이루어져야 합니다. SK하이닉스와 삼성전자의 사례에서도 확인되듯, 시장은 늘 '기대'와 '현실' 사이에서 움직입니다. 투자자는 이 두 축을 균형 있게 바라볼 때 비로소 반도체 업종의 큰 흐름을 정확히 잡아낼 수 있습니다.

더 중요한 사실은, 반도체 주식의 강세·약세는 항상 '선반영 → 확인 → 재평가'라는 반복 구조 속에 있다는 점입니다. 뉴스는 선반영의 출발점이 되고, 실적과 가이던스는 확인 단계의 중심이 되며, 기술 모멘텀과 업황 전망은 재평가를 이끌어냅니다. 이 구조를 이해하면 단기 소음에 흔들리지 않고, 시장이 어느 지점에 와 있는지를 객관적으로 판단할 수 있습니다. 결국 반도체 투자에서 가장 큰 경쟁력은 '정보의 양'이 아니라 '정보를 해석하는 프레임'이며, 뉴스와 실적을 분리된 조각이 아닌 하나의 흐름으로 읽어내는 관점이 그 핵심입니다.

투자성향별 포트폴리오 설계, 이렇게 하면 된다

반도체 투자는 '무엇을 사느냐'보다 '어떤 방식으로 가져가느냐'가 더 큰 차이를 만듭니다. 위험 감내 수준, 수익 기대치 등이 서로 다르기 때문입니다. 그러므로 나의 투자 성향부터 알아야 합니다.

반도체 산업은 경기 변동과 기술 혁신이 동시에 맞물리는 독특한 업종입니다. 이 때문에 삼성전자와 SK하이닉스, 그리고 관련 반도체 소재·장비 기업들은 시장 상황에 따라 주가의 상승 폭도 크지만 조정 시에는 하락 폭도 만만치 않습니다. 반도체는 매력적인 섹터이지만, 동일한 종목을 보더라도 '어떤 성향의 투자자냐'에 따라 포트폴리오 구성은 완전히 달라져야 한다는 점을 먼저 이해할 필요가 있습니다.

투자의 성공은 결국 시장의 흐름과 개인의 심리가 조화를 이룰 때 가능합니다. 투자자가 자신의 위험 허용 범위를 넘어서는 변동성을 경험하게 되면, 아무리 좋은 종목이라도 패닉 셀(Panic Sell)이나 성급한 매매를 통해 손실을 보게 될 가능성이 커집니다. 따라서 여기에서는 반도체 투자자가 장기적인 관점에서 반도체 산업의 성장을 온전히 누릴 수 있도록 '안정형' '중립형' '공격형', 이렇게 세 가지 투자 성향에 맞춘 실질적인 포트폴리오 구성 원칙과 비중 조절 전략을 상세히 제시합니다. 이 가이드를 통해 시장의 파도 속에서도 흔들리지 않고 지속 가능한 수익을 창출할 수 있는 나만의 맞춤 전략을 찾게 될 것입니다.

○── 안정형 투자자: '잃지 않는 것'을 최우선에 두는 구성

5060 세대 중 상당수는 은퇴 준비, 혹은 은퇴 이후 자산의 안정성을 최우선으로 둡니다. 이 경우 반도체 포트폴리오의 핵심은 '큰 수익의 추구'가 아니라 '큰 손실 방어'에 있습니다.

안정형 투자자에게 가장 우선적으로 권할 수 있는 종목은 삼성전자입니다. 삼성전자는 글로벌 메모리 시장에서 여전히 높은 점유율을 유지하고 있으며, 현금 창출력과 재무 구조가 견고해 업황 조정기에도 자산이 크게 흔들릴 가능성이 상대적으로 낮습니다. 변동성도 하이닉스 대비 낮은 편이기 때문에 장기적으로 편안한 보유가 가능합니다.

반면 SK하이닉스는 높은 성장성과 기술 경쟁력을 갖고 있지만 삼성전자에 비해 변동성이 큰 편입니다. SK하이닉스는 HBM3E·HBM4 등 AI 메모리 수요가 폭발적으로 늘며 기업가치가 빠르게 상승하고 있으나, 산업 사이클에 따라 가격 조정이 강하게 나타나는 경우도 적지 않습니다. 안정형 투자자는 이 점을 고려해 전체 포트폴리오의 10~20% 수준만 SK하이닉스에 할당하고 과도하게 비중을 늘리지 않는 것이 좋습니다.

안정형 투자자의 경우 ETF 활용도 고려할 필요가 있습니다. 개별 종목보다는 KODEX 반도체, TIGER 반도체 등 산업 흐름을 반영하는 상품은 변동성이 낮고 장기 추세를 따라가기에 적합합니다. 매매 방식 역시 단순할수록 안정적입니다. 정기적인 분할매수, 목표 비중 유지, 급등 시 소폭 이익 실현, 급락 시 분할 보완 등의 원칙을 지키면 안정성과 수익성을 동시에 확보할 수 있습니다.

중립형 투자자: 안정과 성장을 동시에 추구하는 구성

중립형 투자자는 자산 안정성을 유지하면서도 상승장에서 적극적으로 수익을 노리고자 합니다. 이 경우 삼성전자와 SK하이닉스를 함께 보유하는 조합이 가장 현실적입니다. 삼성전자를 중심축으로 유지하면서 하이닉스와 반도체 소재·장비주를 적절히 배합하면 안정성과 성장성을 균형 있게 가져갈 수 있습니다.

소재·장비주는 메모리 업체들이 설비투자를 확대한 이후 일정 시점 뒤에 실적이 개선되는 후행성이 있어 사이클 전반을 안정적으로 따라갈 수 있는 장점이 있습니다. 특히 테스트·패키징 기업 등은 AI 서버 투자 확대와 함께 실적 변동성이 구조적으로 줄어드는 모습을 보입니다.

중립형 투자자는 성급한 매매보다는 실적 전망 변화를 중심으로 비중을 조절하는 것이 효과적입니다. SK하이닉스는 컨센서스가 상향되는 국면에서 주가가 강하게 움직이는 패턴을 보여 왔고, 삼성전자는 실제 실적 개선이 확인될 때 추세 전환이 나타나는 경향이 있습니다. 이 두 흐름을 모두 활용할 수 있는 것이 중립형 투자자의 장점입니다.

공격형 투자자: 성장성이 가장 큰 기업에 집중하는 구성

공격형 투자자라면 반도체 사이클에서 가장 강하게 움직여온 SK하이닉스를 중심으로 포트폴리오를 만들 수 있습니다. 다만, 삼성전자는 후행 랠리 구간에서 중요한 역할을 합니다. AI 메모리 경쟁력 회복, HBM4 양산 준비, 파운드리 대형 고객사 확보 등은 기술 모멘텀이 실적으로 연결되는 시점에 강한 주가 흐름을 만들 가능성이 있습니다.

공격형 투자자는 반도체 사이클 초반에는 SK하이닉스 비중을 늘리고, 사이클 중후반에는 삼성전자 비중을 늘리는 식의 '시차 전략'을 구사하는 것이 효과적입니다. 2026년에는 사이클이 중후반부로 넘어간다는 점을 고려하면 SK하이닉스보다 삼성전자 비중을 확대하는 것이 바람직할 것입니다.

또한 소재·장비주는 상승장의 초중반에 가장 높은 수익률을 기대할 수 있는 구간입니다. AI 서버 투자 확대는 패키징, 테스트, EUV

장비 수요를 함께 견인하기 때문에 장비주는 강한 파동을 만들곤 합니다. 공격형 투자자일수록 리스크 관리는 훨씬 중요해집니다. 손절 기준을 명확히 설정하고, 급등한 종목은 순차적으로 이익을 실현하며, 테마성 급등 종목은 핵심 포트폴리오가 아닌 보조 수익원으로 다뤄야 합니다.

○── 투자 성공의 핵심은 '성향×타이밍'의 조합

반도체는 단순한 경기 민감주가 아니라 AI 시대의 핵심 산업으로 자리 잡았습니다. 중장기적으로 구조적 성장이 기대되는 업종이지만, 여전히 변동성이 큰 것도 사실입니다. 그렇기 때문에 동일한 종목이라도 누가 어떻게 들고 있느냐에 따라 결과는 완전히 달라질 수 있습니다.

중요한 것은 시장과 싸우는 것이 아니라 나의 성향을 이해하고 맞는 전략을 세우는 것입니다. 반도체는 장기적으로 가져갈 가치가 충분한 산업이지만, 성향에 맞춘 비중 조절과 전략적 매매 방식이 없다면 오히려 마음고생만 깊어질 수 있습니다. 여기서 제시한 세 가지 유형별 전략을 참고해 나만의 반도체 포트폴리오를 구성한다면, 앞으로의 반도체 슈퍼사이클에서 보다 안정적이고 지속 가능한 수익을 기대할 수 있을 것입니다.

반도체 투자성향 체크리스트

이 10문항에 대한 점수를 합산한 후, 자신의 투자성향을 확인하세요.

1. 단기간에 -10% 변동이 와도 보유할 수 있다.
   ☐ 그렇다(3점) ☐ 보통이다(2점) ☐ 어렵다(1점)

2. 주가가 급등해도 절반 매도 없이 계속 보유할 수 있다.
   ☐ 그렇다(3점) ☐ 보통이다(2점) ☐ 어렵다(1점)

3. 반도체 포트폴리오에서 연 20% 이상 수익을 기대한다.
   ☐ 그렇다(3점) ☐ 보통이다(2점) ☐ 아니다(1점)

4. 급등 구간보다 장기 추세에 올라타는 방식이 더 편안하다.
   ☐ 아니다(3점) ☐ 보통이다(2점) ☐ 그렇다(1점)

5. 투자 전 손절 기준을 미리 정해두는 편이다.
   ☐ 아니다(3점) ☐ 보통이다(2점) ☐ 그렇다(1점)

6. 급락 시 추가 매수(추매)보다 현금 보유를 선호한다.
   ☐ 아니다(3점) ☐ 보통이다(2점) ☐ 그렇다(1점)

7. 삼성전자처럼 변동성 낮은 초대형주 중심 포트폴리오가 더 편안하다.
   ☐ 아니다(3점) ☐ 보통이다(2점) ☐ 그렇다(1점)

8. 소재·장비주 같은 변동성 높은 종목을 적극적으로 활용할 수 있다.
   ☐ 그렇다(3점) ☐ 보통이다(2점) ☐ 어렵다(1점)

9. 단기 조정(눌림목)에서 과감히 비중을 늘릴 수 있다.
   ☐ 그렇다(3점) ☐ 보통이다(2점) ☐ 어렵다(1점)

10. ETF보다 개별 종목 중심 투자가 더 맞다고 생각한다.
    ☐ 그렇다(3점) ☐ 보통이다(2점) ☐ 아니다(1점)

- 10~15점 → 안정형 투자자   ■ 16~22점 → 중립형 투자자
- 23~30점 → 공격형 투자자

집중투자 전략
vs. 분산투자 전략

반도체는 사이클이 뚜렷하기에 한 종목에 비중을 실을지, 여러 기업으로 나눌지에 따라 수익률과 리스크가 갈립니다. 중요한 건 전략의 우열이 아니라, 시장 국면과 투자자 성향에 맞는 선택입니다.

반도체 업종은 업황이 좋다고 해서 무조건 투자하는 것이 능사는 아닙니다. 동일한 종목에 투자하더라도 집중할 것인지 아니면 분산할 것인지, 이 선택에 따라 수익률과 변동성은 완전히 달라지기 때문입니다. 반도체 투자에서 이러한 선택은 단순 비중 조절이 아니라 전체 투자 전략의 성격을 규정하는 중요한 출발점이 됩니다.

같은 종목을 보더라도 '한두 종목에 집중하느냐, 여러 업종·기업으로 나누어 담느냐'에 따라 수익률·심리적 부담·변동성이 모두 달라집니다. 특히 반도체처럼 사이클이 뚜렷한 산업에서는, 투자자가 어떤 전략을 택하느냐에 따라 시장을 대하는 태도와 대응 방식 자체가 완전히 달라진다는 점에서 이 결정은 더욱 중요합니다.

○── 집중투자 전략: 수익 극대화를 위한 선택과 집중

집중투자란 말 그대로 소수의 종목에 비중을 높게 두는 방식입니다. 반도체 섹터에서는 삼성전자와 SK하이닉스 혹은 특정 한 종목에 집중하는 형태가 대표적입니다.

집중투자 전략의 가장 큰 장점은 높은 수익률을 만들 수 있다는 점입니다. 예를 들어 2024~2025년 SK하이닉스는 'HBM3E 독점 공급'이라는 강력한 모멘텀을 기반으로 시장을 압도하는 엄청난 주가 폭등의 흐름을 만들었고, 이 시기에 SK하이닉스 비중이 높았던 집중투자자는 분산투자자와 비교할 수 없을 만큼 높은 수익을 얻을 수 있었습니다.

또한 반도체는 구조적으로 승자독식 구조가 강한 산업입니다. 삼성전자와 SK하이닉스라는 두 기업이 글로벌 메모리 시장의 약 70%를 차지하며 산업 구조를 주도하고 있기 때문에 시장의 핵심 흐름이 어디에서 발생하는지 비교적 명확합니다. 이러한 산업에서는 소수 강자 중심의 집중투자가 분산보다 효율적일 때가 많습니다.

반도체 사이클 후반부에 접어들면, 실적이 본격적으로 개선되는 시점과 함께 주도주 중심의 가파른 상승이 나타나는 경우도 많습니다. 이러한 국면에서는 특정 기업에 집중하는 전략이 오히려 더 높은 효율을 만들어내기도 합니다.

그러나 집중투자는 장점만큼 위험도 뚜렷합니다. 특정 기업에 문제가 생기면 포트폴리오 전체가 흔들릴 수 있기 때문입니다. 파운드리 수율 이슈, 고객사의 검증 지연, DRAM 가격 하락, 설비투자 축소 등 단 한 가지 악재만으로도 주가는 순간적으로 큰 폭의 조정을 받을 수 있습니다.

또한 반도체는 사이클 산업이라는 특성상 투자 타이밍이 맞지 않을 경우에는 집중투자자의 손실 폭이 크게 확대되는 구조도 가지고 있습니다. 무엇보다 집중투자는 심리적 압박이 상당히 크기 때문에 변동성을 감내할 의지가 충분하지 않다면 전략 자체를 유지하기가 어렵습니다.

분산투자 전략: 높은 수익률보다 중요한 건 생존력

분산투자는 반도체 내부에서도 여러 기업과 다양한 세부 업종을 나누어 담는 방식입니다. 예를 들어 삼성전자와 SK하이닉스를 기본으로 하되 소재·장비·파운드리 생태계·전장 반도체 등을 함께 구성하는 방식입니다.

분산투자 전략의 가장 큰 장점은 위험을 자연스럽게 줄일 수 있다는 점입니다. 특정 기업이 일시적으로 부진하더라도 다른 기업이 이를 완충해주기 때문에 포트폴리오 전체의 변동성이 낮아집니다. 반도체 사이클 역시 시간차를 두고 각 업종이 움직이기 때문에 분산투자는 사이클 전체의 흐름을 보다 완만하게 따라갈 수 있다는 장점이 있습니다.

특히 반도체는 업스트림*(장비·소재)부터 다운스트림*(OSAT·전장)

까지 산업 구조가 길기 때문에 특정 구간에서 발생하는 위험을 다른 구간의 성장 동력이 보완해주는 형태가 자주 발생합니다. 이러한 구조에서는 분산투자가 투자자의 심리적 부담을 낮추고 장기 투자 관점에서 보다 안정적인 성과를 만들어내는 데 유리합니다.

다만 분산투자는 집중 대비 상대적으로 뚜렷한 고수익을 기대하기 어렵습니다. 시장이 크게 오르는 시점에 최고 상승률을 보이는 기업 하나에 비중을 크게 두는 것이 아니라, 전체를 고르게 나누어 담기 때문입니다. 또한 지나친 분산투자는 포트폴리오가 희석되어 오히려 시장 평균만 따라가는 결과를 만들 수 있습니다.

> **업스트림(Upstream)**
> 산업의 공급망에서 가장 앞단에 위치한 단계로, '기초 자원을 만드는 공정'을 말함
>
> **다운스트림(Downstream)**
> 업스트림에서 생산된 원자재를 활용해 가공·제조·판매까지 이어지는 후방 단계를 뜻함. 즉 최종 제품을 생산하고 유통하는 영역임

○── 투자성향과 시장 국면을 함께 고려해야

반도체 섹터에서 집중투자와 분산투자의 선택은 결국 투자자의 성향과 시장의 상황을 종합적으로 판단해야 하는 문제입니다. 사이클 초반에는 SK하이닉스와 장비주 중심의 집중 전략이 더 강한 효율을 만들 수 있고, 사이클 후반에는 삼성전자가 중심이 되는 집중 전략이 유리할 수 있습니다. 반면 변동성이 커지는 국면에서는 분산 전략이 훨씬 안정적인 결과를 만들어낼 것입니다.

중요한 것은 '어떤 전략이 정답이냐'가 아니라 '어떤 전략이 나에게 맞아서 오래 유지할 수 있느냐'입니다. 반도체 투자는 결국 장기전입니다. 성향에 맞는 전략을 취하고, 시장 흐름에 따라 유연하게 대응하는 것! 바로 이것이 반도체 포트폴리오를 성공적으로 운영하는 가장 현실적이고도 지속 가능한 방법입니다.

반도체 투자자를 위한
추세추종 매매기법

반도체 주가는 예측보다 확인이 더 중요합니다. 가격·거래량·이평 흐름이 먼저 신호를 내고, 뉴스는 항상 그 뒤를 따라옵니다. 추세를 읽고 유지되고 있는 방향에 올라타는 것이 매우 중요합니다.

반도체 투자에서는 '추세를 어떻게 읽어낼 것인가'가 가장 실전적인 과제가 됩니다. AI 수요 확대가 반도체 업종의 구조적인 성장 동력을 형성하면서, 한 번 방향성이 형성되면 그 추세가 장기간 유지되는 경향이 과거보다 분명하게 나타나고 있습니다. 이러한 구조 때문에 추세추종 매매는 반도체 투자자에게 매우 현실적인 전략으로 자리 잡고 있습니다.

추세추종이라는 것은 단순히 '상승하면 사고, 하락하면 팔라'는 의미가 아닙니다. 시장이 어느 방향으로 가고 있는지 확인하고, 방향이 유지되는 동안은 관망하되, 방향이 꺾일 땐 정리하는 방식입니다. 다시 말해, 예측이 아니라 가격의 움직임을 우선하는 전략이라고 보면 됩니다.

○── 반도체 투자 시 추세추종 전략이 잘 통하는 이유

반도체 섹터에서 추세추종이 통하는 이유는 크게 두 가지로 정리할 수 있습니다.

첫째, 주가가 실적보다 먼저 움직이는 업종이라는 점입니다. 보통 업황이 반등하기 전 3~9개월 먼저 주가가 선행하기 때문에 기술적 흐름을 통해 수급과 기대감을 읽어내는 것이 중요합니다.

둘째, AI·서버·HBM 같은 모멘텀 이벤트가 발생할 때 반도체 섹터의 주가는 매우 짧은 기간 동안 가파르게 상승하는 경향을 보여왔습니다. 이때 추세 초입에서 타지 못하고 뒤늦게 올라타게 될 경우 단기 고점에서 물릴 수 있기 때문에, 가격을 만들어내는 신호 자체가 중요한 판단 기준이 될 수 있습니다. 반대로 주가의 고점에서는 악재 뉴스보다 주가와 거래량이 먼저 힌트를 주는 경우가 많습니다. 그래서 반도체 투자에서는 뉴스보다 가격을 먼저 보는 것이 유리할 수 있습니다.

추세추종 전략을 실전적으로 활용하기 위해서는 '이동평균선, 거래량, 가격 패턴'이라는 세 가지를 이해하는 것이 중요합니다. 이동평균선은 시장의 힘이 어느 쪽으로 기울어져 있는지 가장 명확하게 보여주는 지표입니다. 가장 기본적인 기준선은 일봉 차트상 5일·20일·60일선입니다. 5일선은 단기 흐름을 나타내고, 20일선과 60일선은 중·장기 방향성을 나타냅니다.

강한 상승 초입은 보통 20일선이 60일선을 상향 돌파하는 구간에서 등장하며, 그 과정에서 거래량이 증가하고 눌림목*에서 지지가 나오는 흐름이 반복적으로 나타납니다. 특히 반도체주는 20일선 위에서 조정받고 다시 치고 올라올 때 가장 강한 흐름을 만들곤 합니다.

반대로 하락 전환 신호도 특정 패턴을 보입니다. 20일선을 종가 기준으로 이탈하고, 재진입을 시도했다가 실패하는 구간은 추세 전환의 초기 신호로 볼 수 있습니다. 이어서 거래량이 줄어들고, 고점이 더 이상 높아지지 않는 패턴이 반복되면 하락 징후는 더욱 분명해집니다. 실제로 반도체 사이클의 고점은 대부분 이러한 기술적 신호가 먼저 나타난 뒤에야 뉴스나 실적 둔화가 나온 경우가 많았습니다.

> **눌림목**
>
> 상승 추세에서 주가가 일시적으로 조정을 받으며 '살짝 누르는 구간'을 말함. 대세 상승 흐름은 유지된 상태에서 단기 차익 실현이나 매물 소화로 가격이 되돌아오는 단계로, 재매수·추가매수 타점으로 자주 활용되는 핵심 구간임

〔자료 7-1〕 삼성전자 일봉 차트: 60일선 돌파 후 거래량 증가

거래량 또한 중요한 기준입니다. 반도체의 상승 추세는 오를 때 거래량이 증가하고, 조정 구간에서는 거래량이 줄어들어야 건강한 흐름으로 볼 수 있습니다. 상승 중인데도 거래량이 계속 감소하거나, 큰 음봉과 함께 거래량이 급증하는 경우에는 고점 신호로 해석될 가능성이 큽니다. 이는 시장 참여자들이 매수세를 유지하지 못하고 있다는 뜻이며, 추세의 탄력이 약해지고 있음을 의미합니다.

이러한 특징을 종합해보면, 추세추종 매매의 실전 전략은 다음과 같이 세 가지로 요약됩니다.

첫째, 추세 초입 신호가 등장할 때 과감하게 진입하는 것입니다. 20일선 돌파, 거래량 증가, 이전 고점 돌파 등이 대표적 신호입니다. 둘째, 눌림목 매매를 활용하는 것입니다. 반도체는 변동성이 큰 업종이기 때문에 20일선 근처에서 거래량이 줄어든 조정이 오면 좋은 진입 기회가 됩니다. 셋째, 고점 시그널이 나타나는 구간에서는 부분 익절과 비중 축소 대응이 필요합니다. 추세추종에서 가장 위험한 실수는 고점에서 매도하지 못하고 '조금만 더'를 바라보는 태도입니다.

○── 시장이 만들어내는 흐름을 그대로 따라가면 된다

반도체 주가는 '예측'이 아니라 '확인'으로 접근해야 하는 시장입니다. 가격과 추세, 그리고 거래량은 투자자의 감정보다 항상 먼저 움직이고, 뉴스보다도 정확한 방향성을 제시합니다. 반도체 투자에서 추세추종이 가장 강력한 전략인 이유는 시장이 만들어내는 흐름을 그대로 따라가는 것이기 때문입니다. 시장은 먼저 방향을 제시하고, 가격이 그 흐름을 확인시키며, 뉴스는 뒤늦게 이를 해석합니다. 이 순서를 받아들이는 순간, 반도체 투자에서 추세추종 전략은 훨씬 더 일관되고 강한 성과를 만들어낼 수 있습니다.

결국 반도체 투자에서 중요한 것은 단일 지표가 아니라 시간축 속에서 신호들이 어떻게 서로 연결되는지를 읽어내는 능력입니다. 뉴스가 업황의 전환점을 알려주고, 실적이 그 전환점이 실제로 작동하고 있는지를 확인시켜줄 때, 비로소 시장은 의미 있는 추세를 형성합니다. 이 두 신호를 입체적으로 해석할 수 있을 때 반도체 투자자는 단기 소음에 흔들리지 않고, 시장이 만들어내는 구조적 흐름을 보다 선명하게 붙잡을 수 있습니다.

국내 반도체 ETF, 이렇게 활용하면 된다

개별 종목은 알수록 어렵지만 ETF는 반도체 생태계 전체를 하나의 바구니로 담아 변동성을 부드럽게 만들어줍니다. 적절히 선택하면 반도체 시장 전체의 구조적 상승을 안정적으로 포착할 수 있습니다.

반도체는 한국 증시에서 가장 중요한 업종이지만, 동시에 개별 종목의 변동성이 매우 큰 분야입니다. 삼성전자와 SK하이닉스 같은 대형주도 실적 발표나 수급 변화에 따라 단기간에 큰 폭의 움직임이 나올 때가 많고, 특히 소재·장비 기업들은 특정 이벤트에 따라 훨씬 더 민감하게 반응합니다.

이러한 특성 때문에 반도체에 대해 잘 알지 못한 상태에서 개별 종목을 선택하는 것은 초보 투자자에게 부담이 될 수 있습니다. 반도체 ETF는 복잡한 반도체 밸류체인을 한 번에 담으면서도 비교적 안정적으로 시장 흐름을 따라갈 수 있는 실용적인 투자 대안이 될 수 있습니다.

○── ETF는 '펀드+주식'의 장점을 모두 가진 상품

ETF는 '상장지수펀드'라는 이름처럼, 특정 지수를 그대로 추종하도록 설계된 펀드이면서 일반 주식처럼 장중에 사고팔 수 있는 상품입니다. ETF는 펀드의 분산 효과와 주식처럼 자유롭게 사고팔 수 있는 편리함을 동시에 갖추고 있어, 기술 변화와 수요 흐름에 따라 기업 간 성과 차이가 크게 벌어지는 반도체 산업에서도 위험을 줄이고 안정적인 투자 효과를 기대할 수 있습니다.

반도체 ETF를 선택하는 것이 효과적인 이유는 업종 내에서 어떤 종목이 언제 주도권을 가져갈지 예측하기가 쉽지 않기 때문입니다. 메모리 업황이 강해지는 시기에는 삼성전자와 SK하이닉스가 동시에 시장을 이끄는 경우가 많지만, HBM 등 특정 제품 경쟁력이 부각되는 시기에는 SK하이닉스가 상대적으로 더 강한 흐름을 보이기도 했습니다.

이처럼 회사 간 주도권이 시기별로 바뀌는 산업적 특성 때문에, ETF를 활용하면 개별 기업의 단기 변동성보다 안정적으로 업종 전체 흐름을 추종할 수 있는 장점이 생깁니다. 장기적인 관점에서도 ETF를 통해 산업 전체를 담는 전략이 오히려 더 높은 안정성과 기대 수익률을 만들어낼 수 있습니다.

○── 국내에 상장된 반도체 ETF의 유형별 정리

국내 반도체 ETF는 단순히 '반도체 전체'를 담느냐의 문제를 넘어 어떤 방식으로 반도체 업종을 추종할 것인가에 따라 성격이 크게 달라집니다. 가장 넓게 시장을 따라가는 일반 ETF부터, 단기 변동성을 활용하는 레버리지 ETF, 그리고 특정 기술·밸류체인에 집중하는 테마형 ETF까지 유형이 다양합니다. 반도체 투자자는 이 차이를 이해해야만 자신의 투자 성향과 시장 국면에 맞는 ETF를 선택할 수 있습니다.

국내에 상장된 반도체 ETF를 '일반형 – 레버리지형 – 테마형'으로 나누어 각각의 특성과 활용법을 살펴보겠습니다.

1) 일반 ETF

국내 반도체 ETF 가운데 가장 기본이 되는 유형은 국내 시가총액 상위 반도체 기업을 중심으로 구성된 상품입니다. 이 ETF들은 삼성전자와 SK하이닉스의 비중이 매우 높게 편성되어 있어, 업황이 회복되는 구간에서 코스피보다 훨씬 강한 탄력성을 보여주는 특징이 있습니다.

이 ETF의 가장 큰 강점은 두 기업의 상승 흐름이 가장 빠르고 직접적으로 반영된다는 점입니다. 특히 2024~2025년처럼 메모리 업황이 본격적으로 반등하는 시기에는 높은 수익률을 기록해왔습니다. 업종 전체의 흐름을 안정적으로 추종하면서도 메모리 사이클의 힘을 고스란히 담아낼 수 있는 구조라고 이해하면 됩니다.

이러한 특징 때문에 이 유형의 반도체 ETF는 단기 변동성을 최소화하면서 업종 전반의 흐름을 따라가고 싶은 투자자에게 적합합니다. 개별 종목을 직접 고르기 어려운 초보 투자자에게도 일반 ETF는 좋은 선택이 될 수 있고, 삼성전자와 SK하이닉스의 상승을 과도한 리스크 없이 폭넓게 담고자 하는 반도체 투자자에게도 유리한 도구가 됩니다.

2) 레버리지 ETF

KODEX 반도체레버리지와 TIGER 반도체 TOP10레버리지는 기초지수를 2배(2×)로 추종하는 레버리지 ETF입니다. 이 상품들은 지수가 하루 1% 오르면 2% 오르고, 반대로 1% 하락하면 −2%로 움직이는 고위험·고수익 구조를 갖고 있습니다. 기본 구성 역시 삼성전자와 SK하이닉스 비중이 높은데, 레버리지 ETF에서는 이 비중이 더 크게 확대되는 경향이 있습니다.

레버리지 ETF는 단기 모멘텀을 활용하거나 추세추종 전략에 익숙한 투자자에게 적합합니다. 고위험을 감수하면서 빠른 파동을 노리는 공격형 투자자에게 특히 맞는 상품입니다. 다만 주가가 오를 때 수익률이 빠르게 확대되는 만큼, 조정 시 낙폭 또한 2배로 확대된다는 점을 반드시 염두에 두어야 합니다. 실제로 삼성전자와 SK하이닉스가 하루에 2.5% 하락하는 날에는 레버리지 ETF 수익률이 즉각 큰 폭으로 밀리는 모습을 확인할 수 있습니다.

3) 테마형 ETF

ACE AI반도체포커스와 UNICORN SK하이닉스밸류체인액티브처럼 특정 테마나 밸류체인에 집중하는 테마형 ETF도 있습니다. 이 ETF들은 단순히 반도체 업종 전체를 담는 것이 아니라, AI·HBM·밸류체인 등 특정 섹터에 초점을 맞춘다는 점에서 특징이 있습니다.

먼저 ACE AI반도체포커스는 이름 그대로 AI 반도체 생태계를 중심으로 구성된 ETF입니다. 메모리, AI 칩, HBM, AI 서버 등 AI 산업의 핵심 축을 이루는 기업들을 높은 비중으로 담고 있으며, AI 수요 증가와 데이터센터 증설 흐름에 민감하게 반응합니다. 반도체 업황이 '메모리 중심 국면 → AI 확장 국면 → 서버 투자 확대'로 이어지는 구조에서는 특히 강한 탄력을 보이는 상품입니다.

반면 UNICORN SK하이닉스밸류체인액티브는 보다 명확한 방향성을 갖습니다. 이 ETF는 SK하이닉스를 직접 편입할 뿐 아니라, HBM 관련 협력사·부품사 등 밸류체인 전반을 함께 담아 SK하이닉스의 성장성을 더 공격적으로 추종하는 구조입니다. 엔비디아와 SK하이닉스의 협력 스토리가 강화될수록, 특히 HBM3E·HBM4와 같은 차세대 메모리 이슈가 부각될수록 성과가 더욱 두드러지는 유형입니다.

이러한 테마형 ETF는 특정 기술 트렌드나 산업 방향성에 대해 확신이 있는 투자자에게 적합합니다. 특히 HBM이나 AI 인프라 같은 구조적 성장 테마를 중점적으로 담고 싶거나, SK하이닉스 중심의 흐름을 좀 더 공격적으로 추적하고자 하는 투자자에게 매력적인 선택지가 될 수 있습니다. 또한 반도체 밸류체인 구조를 이해하고, 그 중 특정 성장 파동을 집중적으로 공략하려는 투자자에게도 유용한 투자 대안이 될 수 있습니다.

○── 반도체 사이클을 효율적으로 담아낼 ETF

반도체는 변동성이 크고, 사이클을 읽기 어려운 업종입니다. 하지만 산업 전체의 성장성은 분명하고, AI 시대 진입 이후 메모리·파운드리·소부장까지 다양한 부문이 동시에 성장하는 특징을 보이고 있습니다. 이런 구조 속에서 반도체 ETF는 개별 종목의 위험을 줄이면서도 업종 성장을 그대로 따라갈 수 있는 효과적인 투자 수단입니다.

이러한 이유로 반도체 ETF는 초보 투자자부터 숙련된 투자자까지 모두 활용할 수 있는 균형 잡힌 투자전략이 될 수 있으며, 반도체 시장을 장기적으로 바라볼 때 합리적인 선택지 중 하나가 될 것입니다. 특히 잦은 매매에 대한 부담을 줄이고 장기적인 추세를 추종하는 투자자에게 반도체 ETF는 복잡한 시장 분석 없이도 성장의 결실을 얻게 해주는 가장 심플하고 강력한 도구입니다.

★ 메이트북스는 독자의 꿈을 사랑합니다

미국주식 왕초보가 꼭 알아야 할 기본
주린이도 술술 읽는 친절한 미국주식책
최정희·이슬기 지음 | 값 18,000원

이 책은 주식 투자의 새로운 길을 열어주는 미국주식 투자 입문서이다. 미국주식을 왜 해야 하는지, 어떻게 하는 것인지, 미국주식 투자할 때 반드시 알아야 하는 것은 무엇인지 등 미국주식 투자의 기본 중의 기본, 핵심만을 샅샅이 모아 초보자들의 눈높이에 맞춰 친절하게 설명했다. 마지막 장에는 국내주식, 미국주식 투자자들이 꼭 알아야 할 주식용어를 실었다. 이 책을 통해 더 넓은 미국주식 투자의 세상을 향해해보자.

한국 주식시장에서 돈 벌려면 모멘텀 투자가 답이다!
한국형 모멘텀 투자 실전 매매법
이가근 지음 | 값 24,000원

이제 가치투자가 아닌 모멘텀 투자의 시대가 왔다. 이 책은 한국 주식시장에 가장 적합한 모멘텀 투자를 통해 수익률을 올리는 노하우를 담았다. 개인투자자들이 전문가 못지않게 정보를 잘 활용하고 자신만의 투자 방식과 해답을 찾을 수 있도록 이끈다. 이 책에서 다루는 내용을 실제 시장에서 나타나는 새로운 현상들과 비교하며 자신의 노하우로 체화한다면, 자신만의 완성된 투자 기법을 만들어낼 수 있을 것이다.

트럼프 2.0 시대 수혜주 50선을 파헤치다!
트럼프 2.0 시대에 사야 할 주식
이상헌 지음 | 값 19,000원

트럼프 2.0 시대가 도래함에 따라 정책 패러다임이 변화하면서 우리나라 주식시장에도 매우 큰 영향을 미치고 있다. 다년간 주식시장을 분석해오며 베스트 애널리스트에 선정되기도 했던 저자는 트럼프 2.0 시대에 성공적인 주식 투자를 위해 주목해야 할 유망주 50곳을 제시한다. 트럼프 2.0 시대에서 성공적인 주식 투자에 대한 명확한 방향을 잡고자 한다면 이 책이 좋은 기회를 잡는 데 도움이 될 것이다.

갈등이 경제를 이끄는 시대의 투자법
이승조의 4등분 주식 매매법
이승조 지음 | 값 32,000원

고령화 사회로 접어들면서 은퇴자들은 스스로 노후를 준비해야 하지만, 주식 투자를 위험하다고 생각해 도전하기 어려워한다. 40년간 주식시장에서 매매를 이어온 실전 고수인 저자는 이들의 두려움을 덜어주기 위해 실전 매매 방법인 '4등분법칙'을 소개한다. 이 책을 통해 누구나 종목의 매수·매도 자리를 쉽게 판단하고 실행할 수 있을 것이다.

'염블리' 염승환과 함께라면 주식이 쉽고 재미있다

주린이가 가장 알고 싶은 최다질문 TOP 77

염승환 지음 | 값 18,000원

유튜브 방송 〈삼프로 TV〉에 출연해 주식시황과 투자정보를 친절하고 성실하게 전달하며 많은 주린이들에게 사랑을 받은 저자의 첫 단독 저서다. 20여 년간 주식시장에 있으면서 경험한 것을 바탕으로 주식 투자자가 꼭 알아야 할 지식들만 알차게 담았다. 독자들에게 실질적으로 도움이 되고자 성실하고 정직하게 쓴 이 책을 통해 모든 주린이들은 수익률의 역사를 새로 쓰게 될 것이다.

주식 왕초보가 꼭 알아야 할 기본

주린이도 술술 읽는 친절한 주식책

최정희·이슬기 지음 | 값 15,000원

많은 사람들에게 주식 투자는 필수가 되었다. 나들 주식을 한다기에 덩달아 시작했는데 정작 주식을 잘 모르는 당신! 주식과 채권과 펀드는 어떻게 다른 건지, 주식거래는 어떻게 하는 건지, 돈 되는 좋은 종목은 어떻게 찾아야 하는지, 경제와 주식은 어떤 관계를 가지고 있는지, 차트를 어떻게 보고 활용해야 하는지, 현재 돈이 몰리는 섹터는 어디인지 등 그간의 궁금증을 모두 풀어보자.

초보자가 꼭 알아야 할 배당투자의 기본!

주린이도 술술 읽는 친절한 배당투자

안혜신·김인경 지음 | 값 19,000원

예금이나 적금만으로는 돈을 모으기 어려운 시대다. 그렇다고 주식투자는 돈을 잃을까 봐 두려움이 앞선다. 10년 이상 금융 분야를 취재해 온 두 저자는 안정적으로 수익을 챙길 수 있는 배당투자를 추천한다. 노후 대비를 위한 투자로 잘 알려진 배당투자에 대해 기본 개념부터 최신 동향, 주의 사항까지 친절히 설명한다. 배당투자에 입문하고 싶거나 투자를 하지만 계속 손해만 본다면 이 책을 통해 현명한 투자법을 터득할 수 있을 것이다.

현장에서 전하는 기자들의 생생한 반도체 취재수첩

술술 읽히는 친절한 반도체 투자

팀 포카칩(For K-chips) 지음 | 값 18,900원

반도체는 IT 기술, 의료 기술 등 다양한 분야에서 필수재이며 글로벌 경제 및 기술의 미래 변화에도 영향을 미치기 때문에 반도체 산업을 이해하는 것이 중요하다. 반도체 현장을 취재하던 기자들과 국회 보좌진 등이 만든 연구모임 '팀 포카칩'이 반도체에 대해 A부터 Z까지 모든 것을 담은 책을 출간했다. 반도체 산업의 구조와 기술이 변화무쌍한 이 시점에서 반도체에 대한 큰 틀을 보다 쉽게 파악하는 데 이 책이 도움이 될 것이다.

■ 독자 여러분의 소중한 원고를 기다립니다

메이트북스는 독자 여러분의 소중한 원고를 기다리고 있습니다. 집필을 끝냈거나 집필중인 원고가 있으신 분은 khg0109@hanmail.net으로 원고의 간단한 기획의도와 개요, 연락처 등과 함께 보내주시면 최대한 빨리 검토한 후에 연락드리겠습니다. 머뭇거리지 마시고 언제라도 메이트북스의 문을 두드리시면 반갑게 맞이하겠습니다.

■ 메이트북스 SNS는 보물창고입니다

메이트북스 홈페이지 matebooks.co.kr

홈페이지에 회원가입을 하시면 신속한 도서정보 및 출간도서에는 없는 미공개 원고를 보실 수 있습니다.

메이트북스 유튜브 bit.ly/2qXrcUb

활발하게 업로드되는 저자의 인터뷰, 책 소개 동영상을 통해 책에서는 접할 수 없었던 입체적인 정보들을 경험하실 수 있습니다.

메이트북스 블로그 blog.naver.com/1n1media

1분 전문가 칼럼, 화제의 책, 화제의 동영상 등 독자 여러분을 위해 다양한 콘텐츠를 매일 올리고 있습니다.

STEP 1. 네이버 검색창 옆의 카메라 모양 아이콘을 누르세요.   STEP 2. 스마트렌즈를 통해 각 QR코드를 스캔하시면 됩니다.
STEP 3. 팝업창을 누르시면 메이트북스의 SNS가 나옵니다.